도시사란 무엇인가?

What is Urban History? by Shane Ewen
ⓒ 2015 by Shane Ewen
All Rights reserved.

Korean translation edition ⓒ 2025 LP Publishing Co.
This edition is published by arrangement with Polity Press Ltd.
through Bestun Korea Agency
All Rights reserved.

이 책의 한국어 판권은 베스툰 코리아 에이전시를 통하여
저작권자인 Polity Press Ltd.와 독점 계약한 도서출판 앨피에 있습니다.
저작권법에 의해 한국 내에서 보호를 받는 저작물이므로
어떠한 형태로든 무단 전재와 무단 복제를 금합니다.

What is Urban History?

도시사란 무엇인가?

셰인 이웬 지음   민유기 옮김

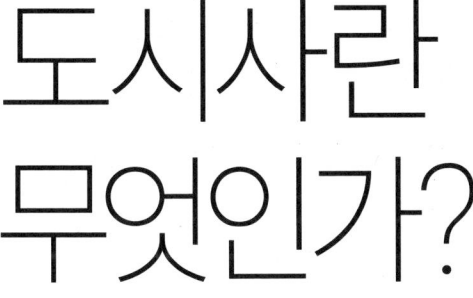

**지난 세기 도시사학자들을 사로잡은
도시 문제들**

앨피

차례

- 옮긴이 글 7
- 감사의 말 11

서론 왜 도시사인가? 15

1장 도시사의 발견 29
  20세기 전환기의 도시사 34
  북미의 도시사: 학제적 현상의 성장 40
  영국의 '다이오스 현상' 46
  도시사를 수행하는 방법 50
  도시사의 '문화적 전환' 53
  동쪽으로 향하는 '도시적 전환' 58

2장 도시, 공간, 정체성 65
  계급, 공간, 교외의 이상 70
  젠더적 공간으로서 교외 79
  '슬럼' 만들기 속 빈곤, 민족, 젠더 84

3장	도시 통치하기	101
	도시 정부와 엘리트의 사회적 구성	105
	정부에서 거버넌스로	116
	거버넌스에서 통치성으로	124

4장	도시와 환경	133
	환경사의 다양성	138
	도시 영역 경운	144
	도시 개수대에서 도시 기념비까지	148
	교차로에 서서	154

5장	도시 문화와 근대성	161
	근대성과 건축 형태	165
	근대성의 현장으로서 거리	177
	도시 생활의 경험적 특성	187

6장	초국가적 도시사	197
	초국가주의 생각하기	202
	도시사에서 초국가적 변수 찾기	206

- 미주 220
- 추가 읽을거리 242
- 찾아보기 248

일러두기

원어 표기 본문에서 주요 인물(생몰연대)이나 도서, 영화 등의 원어명은 맨 처음, 주요하게 언급될 때 병기했다. 인명이나 지명은 외래어 표기용례를 따랐다. 단, 널리 알려진 이름이나 표기가 굳어진 명칭은 그대로 사용했다.

옮긴이 주 각주와 본문 속 | |는 옮긴이의 주이다.

도서 제목 본문에 나오는 도서 제목은 원저자가 사용한 언어의 원어를 번역 표기하는 것을 원칙으로 하되, 국내에 번역 출간된 도서는 가능한 한 그 제목을 따랐다.

옮긴이글

오늘날 인류 문명은 생태환경, 거버넌스, 사회문화 측면의 복합 위기로 커다란 전환기에 놓여 있다. 이러한 위기를 극복하고 문명의 지속가능성을 모색하기 위해서는 무엇보다 도시사에 대한 성찰적·비판적 이해가 필요하다. 주지하다시피, 문명은 고대도시에서 기원한 이래로 정치·경제·사회·문화·생태환경 차원의 각종 도전에 대응하며 발전해 왔다. 인간의 영속적 정주지인 도시에는 문명 성쇠의 원인, 과정, 결과가 집약되어 있다. 역사 연구의 성과가 일반적 지식의 증진뿐 아니라 과거와 현재를 바탕으로 미래를 만들어 가는 다양한 실천에 도움을 주는 것처럼, 도시사 연구는 세계 역사학계에서 20세기 중반부터 체계적이고 조직적으로 발전하기 시작할 때부터 사회적 효용성을 중시했고 강조해 왔다.

도시사는 도시를 연구하는 제 학문 분야들인 지리학, 사회학, 행정학, 건축학, 도시계획학 등과 융복합 연구를 추구해 왔고, 19세기 근대 역사학에서 중심이 되었던 국가 단위의 역사 연구를 국가 내 도시와 지역의 미시적 역사로, 그리고 국가를 넘어서는 초국가적 거시적 역사로 확장하며 역사학의 지평을 넓히는 데 이바지해 왔다. 이런 특성은 도시사의 장점이면서 일부 단점이 되기도 한다. 예를 들어, 대학교의 역사학 전공에서는 전통적인 국가 단위의 역사가 더 우선시되기에 도시사 교육에 할애되는 시간이 크게 부족한 게 현실이다.

저자가 서문에서 언급하듯, 이 책은 역사학 전공자나 역사학에 관심이 많은 이들 가운데 도시사가 무엇인지 잘 모르는 이들에게 도시사가 무엇이고 어떤 주요 주제들을 어떻게 연구해 왔는지를 보여 주는 훌륭한 개설서이자 입문서이다. 일반인 역사 애호가들, 세계 각지의 도시 여행과 도시문화를 좋아하는 이들에게도 도시에 관한 역사 연구의 흐름을 한나절 독서만으로 이해가 가능하도록 해 준다. 저자는 전 세계에서 도시사 연구소로 가장 유명한 영국 레스터 대학교 도시사연구소에서 박사학위를 받은 이래 도시 거버넌스와 재난의 역사, 도시환경사 분야에서 선도적 활동을 하고 있다.

이 책은 도시사의 학문적 사회적 중요성과 가치를 소개하는 서론과 6개의 장으로 구성되었다. 1장은 20세기로의 전환기부터 서양 각국에서, 특히 영국과 미국에서 도시사가 학제적 연구로 어떻게 발전해 왔는지, 역사학의 문화사적 전환이 도시사 연구에 미친 영향은 무엇인지, 도시사에 관한 관심이 어떻게 세계적으로 확산했는지 등을 설명한다. 2장에서는 도시 공간과 정체성의 문제를 다룬다. 먼저 교외의 확산을 고찰한다. 이어서 계급, 인종, 젠더 등의 문제가 도시 공간과 어떻게 조응하면서 다양한 정체성을 형성·유지·확산하는지를 인프라, 슬럼, 빈민, 주거, 공중위생 관련 주요 연구 성과들을 소개하며 분석한다. 3장은 도시 거버넌스 문제에 천착한다. 전통적 도시 엘리트들의 자치체 참여, 시민사회의 성장에 따른 통치에서 거버넌스로의 변모, 미셸 푸코의 '통치성' 개념을 수용한 최근의 도시 거버넌스 연구 성과들을 정리한다. 4장은 도시환경사 관련 연구 성과들을 안내한다. 환경사와 도시사의 교차 영역을 설명하고 상하수도와 수자원 활용, 도시 재난 등에 관한 성찰적 이해가 필요함을 환기한다. 5장은 도시문화와 근대성을 도시 건축과 경관의 상징성, 근대성이 일상에 녹아든 거리, 도시적 삶의 양상, 서양 근대 도시계획의 식민지 수출 등을 고찰한다. 마지막 6장은 초국가적 도시사라는 제목으로 도시사 연구가 비교사 및 초국가사의 시각과 방법으로 확대 발전할 가능성을 탐색한다.

도시사는 역사적 행위 주체들의 총체적 삶의 양상을 탐구하는 데 매우 유용하며, 정치사·경제사·사회사·문화사·젠더사·환경사 연구에서 도출되는 역사 지식을 더욱 풍성하게 만들어 준다. 세계 학계의 도시사 연구 흐름과 방법론을 체계적으로 정리해 소개하는 이 책을 정독하면, 분명 도시사뿐 아니라 역사학 연구 흐름 전반에 관한 이해도 확대됨을 느낄 수 있을 것이다. 아울러 이 도시사 개설서이자 입문서는 도시에, 역사에, 인간에, 문명에 관심이 있는 이들의 지적 호기심의 해소에 기여할 다양한 미래 독서의 탄탄한 기반을 제공해 줄 것이다. 독자들이 이 책을 통해 조금이라도 도시사의 매력을 알아 가길 소망한다.

2025년 6월

옮긴이

감사의 말

나는 과거 15년 이상의 학부와 대학원 공부를 거쳐 현재 대학교수라는 영광스러운 위치에 이르기까지 지적 여정에서 영향을 준 다수의 도시사학자에게 빚을 지고 있다. 닉 헤이즈Nick Hayes는 나에게 처음으로 자치체 정부 연구를 소개해 주었는데, 이 점에 대해서 그리고 그 이후로 끊임없는 격려를 아끼지 않은 것에 감사한다. 리처드 로저Richard Rodger는 영감을 준 박사 지도교수이자 '도시 전문가'로, 내가 비교 도시사에 관심을 발전시킬 수 있는 자유로움을 제공했다. 또한, 로이 스위트Roey Sweet와 디터 쇼트Dieter Schott는 모든 것을 알고 있다고 (잘못) 생각했던 대학원생에게 중요한 영향을 미쳤다! 실제로 레스터대학교 도시사연구소의 조직과 분위기는 직원과 대학원생 간의 포용적인 문화뿐만 아니라 비판적이고 우호적인 아이디어의 교환을 고무하고 육성한다. 그곳은 영국에서 활동하는 도시사학자들의 진정한 정신적 고향이다. 경력 초기에 에든버러대학교에서 연구원을 하는 동안 밥 모리스Bob Morris는 훌륭한 멘토로서 내 독서의 폭이 넓어지도록 격려해 주었고, 그 대부분은 스코틀랜드 국립도서관에서 이루어졌다. 이 시기에 나는 피에르이브 소니에Pierre-Yves Saunier와 글로벌 자치체 프로젝트에서 공동으로 작업했는데, 이 책과 나의 최근 연구에서도 피에르이브의 영향력이 뚜렷하다. 나는 또한 스테판 쿠페루스Stefan Couperus, 크리스타 카우만Krista Cowman, 배리 도일Barry Doyle, 즈느비에브 마사르길보Geneviève Massard-Guilbaud, 사이먼 건Simon Gunn, 레베카 매긴Rebecca Madgin, 헬렌 멜러Helen Meller, 스타나 네나딕Stana Nenadic에게 수년 동안 많은 훌륭한 조언과 영감 그리고 지원을 받았다. 또, 내 연구에 관심을 보이며 격려해 준 리즈 베켓 대학교 문화학 및 인문대학의 (과거와 현재) 동료들, 특히 프랑코 비안치니Franco Bianchini, 브라이언 맥쿡Brian McCook, 스티븐 모슬리Stephen Mosley, 루스 로빈스Ruth Robbins, 헤더 쇼어Heather Shore에게 감사한다. 애초에 이렇게 풍부한 지원금을 받을 기회를 준 폴리티출판사의 안드레아 드루간에게 감사한다. 특히, 격려해 주고 적시에 작업을 완료할 수 있도록 안내해 준 엘리엇 칼슈타트에게 감사를 표한다. 그런 도움이 없었다면 나는 아직도 원고를 쓰고 있을 것이다! 책의 초안과 초기 원고에 격려하는 의견을 보내 준 익명의 독자들에게도 감사를 표한다. 마지막으로, 책을 완성하지 못할 것 같았던 지난 5년 동안 지칠 줄 모르고 지원해 준 사라 브래드버리Sarah Bradbury에게 항상 감사한다.

서론

왜 도시사인가?

이 책은 타운town˙과 도시의 역사 혹은 도시 건설 과정의 설명을 목적으로 삼지 않는다. 그 작업은 도시사학자 56명의 협력적인 에너지와 전문성을 요구한 거대한 작업으로 피터 클라크Peter Clark가 편집해 최근 출간한 《옥스퍼드 세계도시문명사》를 보면 된다.¹ 대신해 이 책은 과거의 도시 생활 연구와 (인구학적·법적-제도적·문화적 과정으로 가장 폭넓게 이해되는) 도시화 역사를 핵심으로 하는 도시사 분야의 입문서로 기획되었다. 이미 역사학 교육을 받았으나 지금까지 도시사를 공부한 적이 없는 학생들과, 타운과 도시를 연구한 적은 있으나 도시사학자의 관점으로는 연구한 적이 없는 역사학자들이 이 책이 가정하는 독자층이다. 말하고자 하는 바는, 도시사는 더 넓은 경제적·사회적·정치적·문화적·공간적 체계의 맥락

˙ 타운은 영속적 인간 정주지 가운데 마을이나 촌락보다 크지만 도시보다는 작은 규모의 지역으로, 마을이 커져 타운이, 타운이 커져 도시가 되기도 한다. 타운은 마을보다 경제적 기능이 다양하고 자치체 제도를 갖추는 경우가 많다. 타운은 흔히 중세도시medieval town처럼 도시로 옮겨지기도 하지만, 이 책에서는 타운과 도시city를 구분해 옮겼다.

에서 도시 장소의 역사를 검토하는 것과 관련이 있으며, 필연적으로 그 장소를 더욱 넓은 지역·국가·국제, 더 나아가 초국가적 네트워크에 위치시킬 수밖에 없다는 것이다. 여기에 더해, 지리학·사회학·인류학·도시계획학 등 다른 분야에서 타운과 도시를 접해 본 경험이 있고, 해당 주제에 대한 역사적 접근법을 활용하는 데 관심이 있는 학생과 기타 독자도 이 책의 독자층이다.

이 책은 도시 생활의 공간적이고 경험적인 측면을 이해하기 위한 비교적 접근과 학제적 접근의 상호적 가치를 강조한다. 이러한 통합적인 접근 방식은 도시 경험의 공통점은 물론이고, 한 도시 장소를 다른 장소와 구분하는 요소를 식별할 경험적 증거를 체계적으로 수집하게 해 준다. 앞으로 살펴보겠지만, 학제성interdisciplinrity은 도시사에 필수적이다. 도시사 분야는 인문학은 물론이고 사회과학 전반의 다양한 학문적 영향을 바탕으로 20세기 내내 성장하고 발전해 왔기 때문이다. 일부 도시사학자들은 이 분야를 주로 사회과학적 용어로 해석하는 경향이 있지만, 사실 도시사는 미술, 문학, 사진, 고고학, 문화 및 영화 연구 등 '소프트' 과학뿐만 아니라 예술과 인문학 전반에 널리 퍼져 있는 다양한 영향과 접근법, 전통에서 비롯되었고, 이는 도시사 분야에 | 연쇄반응에 필요한 최소 질량인 | 임계질량과 풍부한 질감의 스타일 및 소스를 제공했다. 도시 문화와 물질성 문제를 다루는 학자들의 최근 연구들을 대략 살펴보면 전문가들이

작업하는 다양한 자료들의 기반이 드러날 것이다. 이 책 마지막에 실린 '추가적 읽을거리'를 보라.

    그 자체로 역사적 연속성과 변화를 설명하는 데 핵심적인 역할을 하는 비교 접근법은 경제사와 사회사, 역사사회학, 프랑스 아날학파 등 도시사의 형성에 도움을 준 다양한 역사 분야에서 광범위하게 활용해 왔다. 비교 방법은 역사가로 하여금 시간과 공간을 가로질러 서로 다른 사회들의 유사성뿐만 아니라 고유성을 발견하도록 돕는다. 역사사회학자 찰스 틸리Charles Tilly는 오랜 기간과 공간에 걸친 비교를 통해 도시사학자가 학문 활동의 중심적인 역사적 질문들에 답하며, 거대한 글로벌 과정과 도시 생활의 일상 및 리듬 사이의 상호작용을 탐구할 수 있다고 주장한다. 비교는 도시사학자들에게 모든 타운과 도시가 역사적으로 공통된 요건을 가지고 있다는 것을 보여 준다. 모든 타운과 도시는 성장을 지속할 자원(식량, 물, 원자재, 사람)이 필요하다. 또한, 존립 가능한 경제적 기능, 더 넓은 지역과 연결되는 상업 네트워크에 대한 접근성, 지원을 해 주는 행정적·재정적·법률적 틀이 제공하는 조직적 안정성과 안전이 필요하다. 페넬로페 코필드Penelope Corfield가 설득력 있게 주장하듯이, 이러한 특징들은 타운과 도시가 시간이 지나면서 확장·축소·재개발되더라도 그 위치, 기능, 지형, 사회적/문화적 전통에서 '깊은 연속성'을 누린다는 점을 나타낸다. 통시적 의미뿐만 아니라 공시적 의미에서도 비교는 "지구적으로 도시가 되는 것은 시간을 통해 이루어 낸 인간의 위대한 집단적 성취 가운데 하나"임을 보여 준다.[2]

　나는 오늘날의 도시 세계에서 도시사의 중요성이 점점 더 커지고 있다고 주장한다. 타운과 도시를 일관되게 유형학적으로 비교하는 국제적 비교의 중요성이 점점 커지고 있음에도, 도시사의 보급 및 역사적/문화적 전통으로 인해 비교 접근법의 실제적이고 일상적인 강점은 국가적 틀에서 가장 유익하게 남아 있다. 그러나 특히 라틴아메리카와 인도 아대륙에서 중국과 중동에 이르기까지, 개발도상국에서 빠르게 성장하는 초거대도시들 및 초거대 지역들과 선진국의 잘 구축되고 네트워크화한 도시들 간의 국제적·초국가적 비교의 유인은 주목할 만하다. 이러한 종류의 대륙횡단적 연구는 연구자가 그 혹은 그녀의 연구를 개발도상국 초거대도시의 주민들뿐 아니라 선진국 주민들에게도 실질적 혜택을 줄 수 있는 더 넓은 사회정치적 교류 내에 위치시킬 수 있게 하는 이점이 있다. 도시 자본주의의 거대한 불평등을 공정하게 해결하기 위해 도시를 어떻게 운영해야 할지, 급격한 도시화를 시장자율에 맡길 때 발생할 수 있는 환경적 위험을 어떻게 파악하고 최소화해야 할지, 도시를 매력적인 거주지나 일터 혹은 여행지로 만들기 위한 문화, 자연, 계획의 중요성 등 도시사는 찾아보면 가치 있는 교훈들을 제공하며 도시사학자들은 이를 매일 꾸준히 연구하고 있다.

오늘날 도시화가 세계에서 차지하는 중요성과 역사적 뿌리는 유엔 인간정주 프로그램UN-Habitat | 유엔 해비타트 |이 펴낸 일련의 보고서에 요약되어 있다. 불과 한 세기 전만 해도 세계 인구 열 명 중 두 명이 도시 지역에 거주했고, 가장 개발되지 않은 지역에서 도시 거주자 비율은 5퍼센트에 불과했으나, 2011년 인류 역사상 처음으로 세계 인구의 과반수가 도시 지역에 거주하게 되었다(2014년에는 54퍼센트에 달했다).

1950년대 이후 최근의 이러한 성장 대부분은 개발도상국에서 이루어졌다. 2013년에는 전 세계 도시 거주자 열 명 중 일곱 명 이상이 개발도상국에 거주하고 있는 것으로 나타났다. 지난 10년 동안에만 개발도상국의 도시인구는 매주 평균 120만 명씩 증가했다(이는 유럽 도시 전체의 1년치 증가분에 약간 못 미치는 수치다). 아시아가 매주 88만 명의 새로운 도시 거주민이 추가되면서 선두를 달렸고, 아프리카가 매주 23만 명, 라틴아메리카와 카리브해가 매주 15만 명으로 그 뒤를 이었다. 라틴아메리카는 인구의 80퍼센트가 도시 지역에 거주하는 세계에서 두 번째로 도시화한 지역이다. 북미는 가장 도시화한 지역(82퍼센트)으로 남아 있고, 유럽은 3위(73퍼센트)를 차지했다. 아프리카와 아시아는 인구의 40퍼센트와 48퍼센트가 도시 지역에 거주하는 대체로 농촌적 대륙으로 남아 있지만, 다른 모든 지역보다 빠른 속도로 도시화하고 있어, 2050년에는 도시인구가 각

각 56퍼센트와 64퍼센트에 달할 것으로 예상된다.[3]

이러한 성장률로 인해 부유층과 빈곤층 간의 '도시 격차'가 점점 더 커지고 있다. 이는 부의 불평등한 분배와 사회공간적 분리의 지속성을 통해 확인할 수 있는데, 비교해 보면 이는 선진국 도시와 개발도상국 도시에서 모두 뚜렷하게 나타나며 역사 전반에 걸쳐 도시화 과정의 지속적인 특징임을 알 수 있다. 도시화는 또한 여성, 장애인, 인종적·종교적·성적 소수자 등에 대한 사회적·환경적 정의에 엄청난 불평등을 초래했다. 도시는 토지·노동·자본을 둘러싼 경쟁을 통해 '가진 자'와 '가지지 못한 자'로 나뉘는바, 이는 사회적 불안정은 물론이고 도시빈민과 사회 전체에 상당한 비용을 발생시킨다. 그러나 유엔 해비타트가 인정하듯이 이는 새로운 도전이 아니다. 도시는 항상 극심한 수준의 불평등과 사회적 박탈에 시달려 왔다. "도시는 하룻밤 사이에 분열되지 않는다.… 배제와 소외는 시간이 지나면서 쌓이고 재생산된다." 도시는 역사를 통해 이러한 도전에 동일한 방식으로 대응하지 않았다. 그 이유는 개선(인프라, 거버넌스, 사회정의 및 삶의 질)이 공공 수요, 시민권, 기존 지식, 제도 및 재정 자원에 대한 도시의 접근성에 달려 있고, 이 모든 것은 시간이 지남에 따라 달라지기 때문이다. 따라서 비교와 학제적 접근에 기반하여 도시사회에 대한 현대적 관심사를 반영해 온 도시사는 정책 입안자들이 과거로부터 배우는 이상적인 발산 장소를 제공한다. 실제로 도시사학자들은 우리가 살아가는 세계와 관련된 주제를 추적하고 역사를 현대적 도시문제를 검토하는 경로로 사용하는 '현재 지향적'인 사람들이다.⁴

테티우스 챈들러Tertius Chandler와 제럴드 폭스Gerald Fox의 도시 성장에 대한 역사적 인구조사에 기록된 것처럼, 역사는 도시의 규모와 중요성 및 범위에 따른 도시들의 순위 변화를 드러낸다. 18세기 초에는 콘스탄티노플과 베이징이 인구 약 70만 명으로 세계에서 가장 큰 두 도시였는데, 한 세기 후에는 베이징과 런던의 인구가 100만 명을 넘어섰다. 20세기에 접어들면서는 서양 거대도시의 시대가 도래했다. 런던이 648만 명으로 가장 큰 도시였고, 뉴욕(424만 명), 파리(333만 명), 베를린(242만 명), 시카고(172만 명)가 그 뒤를 이었다. 당시 인구 100만 명 이상인 도시는 총 16개로, 대부분 유럽과 미국 도시들이었다. 1950년에는 서양의 도시들(뉴욕, 런던, 파리)이 여전히 상위권을 차지했지만, (인구 약 700만 명의) 도쿄(또는 도쿄-요코하마 권역)가 세계에서 세 번째로 큰 도시 지역이 되었고, (상하이, 부에노스아이레스, 캘커타, 봄베이, 멕시코시티, 리우데자네이루, 상파울루 등) 개발도상국 도시들이 서서히 순위권에 등장하기 시작했다. 2011년에는 인구 100만 명 이상의 도시와 도시권역(즉, 연속적인 건축 지역으로 연결된 중심 도시와 주변 공동체들)이 500개에 육박했고, 1천만 명 이상의 초거대도시가 26개에 달했다. 도쿄는 인구 3,800만 명이 모여 있는 최대 도시이고, 델리(2,500만 명), 상하이(2,300만 명), 멕시코시티, 뭄바이, 상파울루(각각 약 2,100만 명)가 그 뒤를 잇고 있다. 유엔은 2030년까지 전 세계에 41개의 초거대도시가 존재할 것으로 예상하며, 이 중 대다수가 개발도상국에 위치하리라 전망하고 있다. 이는 도시와 도시를 구성하는 네트워크가 항상 변화하고 있음을 보여 주며, 피터 클라크가 도시화의 '롤러코스터'라고 묘사한 것에 올라타려는 사람들이 생애주기의 특정 시기에 도시 지역으로 이주하는 동기가 무엇인지 이해할 시간의 흐름에 따른 비교의 가치를 확립해 준다.[5]

도시들은 기능적·공간적 접속으로 연결된 새로운 공간 구성을 만들기 위해 서로 합쳐지기 시작했으며, 이것이 향후 50년 동안 이 롤러코스터를 이끌어 가리라 예상된다. 여기에는 (벵갈루루, 멕시코시티, 카이로의 사례처럼) 경제 궤도 내에서 다른 도시와 타운을 통합하는 대도시의 초거대 지역이 포함된다. 뭄바이-델리, 상파울루-리우데자네이루, 이바단-라고스-아크라 등 때로는 국경을 넘어 두 개 이상의 대도시를 연결하는 도시 회랑, 런던 광역시의 26배에 달하는 총면적 4만 제곱킬로미터의 9개 대도시를 포함하는 광둥성의 주강 삼각주 초거대 지역과 같은 국가가 지원하는 도시-지역도 있다. 이러한 놀라운 성장률은 도시 세계의 과거 역사, 특히 도시와 도시 문화가 주요 사회·경제·정치·문화·환경 변화에 적응해 온 방식을 추적하는 데 상당한 관심을 불러일으킨다. 도시화하는 인구가 빠르게 증가하는 지역과 도시사에 대한 학계의 새로운 관심 사이에는 연관성이 있다. 학문적 분야로서 도시사의 기원과 초기 성장은 서유럽과 북유럽, 북미에서 찾을 수 있지만, 특히 인도, 중국, 라틴아메리카 등 신흥 지역에서도 해당 지역의 고유한 학문적 실천의 전통과 함께 도시사 분야는 계속 성장 발전하고 있다.[6]

이 책은 지난 세대에 걸쳐 이 분야를 형성한 역사학 연구의 주요 논쟁에 따라 주제별로 구성되었다. 1장에서는 20세기에 접어든 이후 도시사 발전의 연대기적 틀을 제시하고, 이 분야 역사학 연구의 주요 영향력을 소개한다. 2장에서는 이 분야에서 가장 풍부한 주제 중 하나인 거주지 분리의 렌즈를 통해 공간과 사회적 정체성 간의 관계를 살펴본다. 3장에서는 도시사회가 통치되는 방식에 대한 접근법의 변화를 추적하고, 특히 1980년대 이후 도시사 분야 전반에 미친 이론적 영향을 규명한다. 환경사 주제는 4장에서 논의하는데, 특히 자연, 물질성, 건조built환경 간의 관계를 탐구하는 도시적 접근법의 가치에 초점을 맞춘다. 5장에서는 특히 도시 근대성에 관한 풍부한 문헌을 검토하여 문화적 전환이 도시 문화에 미친 영향을 살펴본다. 6장에서는 도시사에 대한 초국가적 접근법이 초기에 미친 영향을 논하는데, 이는 전 세계를 횡단하고 국민국가의 영역에 제약을 받지 않는 네트워크화된 도시사를 추적하는 데 유용한 미래를 제시한다. 마지막으로, 간략한 시론으로 제시하는 추가 독서를 위한 안내는 각 장의 각주와 함께 읽어야 한다.

안타깝게도 제한된 지면에서 도시사학자들의 흥미를 끄는 모든 주제를 포괄적으로 다루는 것은 불가능했다. 몇 가지 주목할 만한 누락이 있다. 첫째, 도시 변화를 주도한 도시경제의 역할은 별도의 장에서 다루지 않지만, 이 서론에서 주장하듯 경제적 요인은 도시화 역사의 원동력이다. 말하자면, 이 책은 도시와 자치체 당국에 대한 '정치경제학' 접근 방식을 취하지만, 글로벌 도시-산업 경제의 출현 혹은 최근 서양 세계의 탈산업화 과정을 형성한 외부의 힘은 일부 독자들이 원하는 만큼 충분히 다루지 않는다. 이러한 결정은 그 자체로 최근 경제사에서 문화사로의 초점 전환을 반영한 것이며, 이는 해당 분야의 주요 학술지 목차와 학술 기관들의 학술대회 프로그램에서 확인할 수 있다. 하지만 이를 긍정적인 변화로 오해해서는 안 된다. 최근 몇 년간의 경제위기에도 불구하고 세계경제에서 도시의 중요성은 계속 유지되고 있기 때문이다. 그렇기에 유엔 해비타트는 2010~2011년 세계 도시 보고서에서 도시가 경제회복의 핵심 동력이며, 현대 도시를 형성하는 주요 불평등을 해소하는 데 중추적인 역할을 한다고 올바르게 인식했다. 데이비드 리더David Reeder와 리처드 로저Richard Rodger, 홍호펑孔誥烽과 잔사오화Shaohua Zhan의 최근 도시경제 연구들과 폴 바이로흐Paul Bairoch의 통계학적으로 풍부한 장기지속 역사 연구 역시 비교·학제적 체계로 도시경제 과정을 검토하기에 이 책을 보완해 줄 훌륭한 도시경제 및 인구변화 개요를 제공한다.[7]

둘째, 이 책은 근대 도시에 관한 내용이 압도적으로 많고, 논의하는 대부분의 사례는 지난 300년 또는 그 전후를 다룬다. 이러한 결정에는 교육적이고 조직적인 이유가 있다. 고대, 중세 또는 초기 근대 도시를 포괄적으로 다룰 수 있는 훨씬 더 유능한 역사가들이 많은데 내가 이를 시도하는 것은 피상적일 것이다. 로즈마리 스위트Rosemary Sweet와 리처드 로저가 논의한 바와 같이, 중세 또는 초기 근대의 타운은 근대 도시와는 '매우 다른 현상'이었다. 예를 들어, 실제로 도시의 지위를 구성하는 것이 무엇인지, 이것이 시간이 지남에 따라 국가마다 어떻게 변화하는지 명확한 이견들이 존재한다. 전근대 시대에는 인구 1만 명을 넘은 도시가 거의 없었으며, 1950년대 이후 급성장한 초거대도시와는 대조적으로 이질적이었다. 특히 19세기와 20세기 초의 도시화율 변화가 프랑스의 2천 명에서 이탈리아의 2만 명까지 다양한 규모를 기반으로 하기에, 근대에 도시 지역을 구성하는 게 무엇인지 결정하는 것 자체가 어려운 일이다.

게다가 전근대 시대 (수도 외곽의) 대부분 타운은 본질상 농업경제의 일부였고 그렇게 취급해야 하지만, 많은 근대 타운과 도시는 비록 농업 근대화뿐 아니라 농촌에서 도시로의 높은 이주율에 힘입어 성장했을지라도 도시-산업 경제의 일부로 연구할 수 있다. 마지막으로, 중세와 초기 근대 도시의 가치체계는 종종 근대의 가치체계와 충돌했다. 초기에는 혈연, 가족, 종교 문제가 중심이었던 반면, 근대는 최근까지 계급 문제가 지배적이었다. 최근 대안적인 형태의 사회적 정체성(특히 젠더와 섹슈얼리티)에 대한 조사를 통해 초기 근대와 근대가 융합되고 있지만, 학문적 일관성과 편의성을 위해 근대에 초점을 맞추기로 결정했다.[8]

이제 이 책을 도서관이나 서점에 반납하고 환불을 고려하는 독자 여러분께 용서와 이해를 구하려 한다. 이 책은 역사 전반에 걸친 도시화를 철저히 설명하는 책도, 해당 분야의 방대한 시간적·지리적·주제적·방법론적 범위를 소개하는 책도 아니다. 그러려면 그만 한 자료와 시간, 전문 지식, 700쪽 이상의 분량이 추가로 필요한데 내가 감당할 수 없다. 좀 더 겸손하게, 그러나 바라건대 실질적인 가치가 있도록, 나는 도시 세계의 방대하고 풍부하며 진화하는 역사학 연구에 대한 나의 해석을 제시하고자 한다. 마지막으로, 이 책이 콘크리트 정글에서 지적인(그리고 실제적인) 방황을 시작하는 사람들에게 유용한 출발점이 되기를 바란다.

1장

도시사의 발견

이 나라에서 사회적 변화, 지역 정치 또는 어떤 식으로든 환경의 건축 형태에 관심이 있는 역사가가 도시 생활과 그 제도에 관한 연구에 끌리거나 전념하는 것은 자연스러운 일이다.[1]

다이오스H. J. Dyos는 1979년에 출간된 브루스 스테이브Bruce Stave 와의 대담에서 위와 같이 말했다. 이러한 발언은 근대에 가장 도시화한 국가 중 하나라는 영국의 지위와는 별 상관이 없다. 영국에서 도시사는 학문 활동이 20세기 초까지 거슬러 올라가는 독일, 저지대 국가들, 미국에 비교해 불확실한 출발을 했기 때문이다. 다이오스의 발언은 그보다는 다양한 분야에 일련의 공유된 원칙을 적용하려는 그의 실용적인 접근 방식을 반영한다. 다이오스는 20세기 역사학 연구에서 다양한 분야와 접근법 간의 탄력성을 강조함으로써 도시 생활의 경험적 특성과 그 생생한 현실 및 표상이 건축 과정만큼이나 중요하다고 주장했고, 이는 예술과 인문학, 사회과학의 교차점에서 도시사를 정립하는 데 기여했다.[2]

다이오스와 그와 비슷한 사람들에게 타운과 도시는 전기 변압기가 인간의 상호작용과 교류를 자극하는 것과 같은 방식으로 주변 세계에 작용하는 역사적 실체이다. '근대화의 주체'로서 타운과 도시는 농촌공동체와 인접한 타운을 일관된 사회적·경제적 체계로 연결하는 근본적인 역할을 하며, 이 연결은 점점 더 국제화되고 있다. 아날학파 역사학자 페르낭 브로델Fernand Braudel은 근대 초기 남유럽 자본주의 연구에서 "모든 타운은 저마다 하나의 세계이고, 하나의 세계이기를 원한다"고 했다. 이 말의 의미는 "타운은 그것을 구성하는 부분들의 합 이상이어야 한다"는 것이다. 타운은 그 자체로 독립적인 변수이자 더 넓은 도시화 체계의 일부로 작동한다.[3]

우리는 또한 다이오스의 발언에서 무엇이 도시사를 고유한 분야로 구성하는지, 특히 무엇이 사회사와 같은 더 포괄적인 분야와 도시사를 구별하게 하는지에 관한 긴장과 모순을 발견할 수 있다. 일부 비평가들은 도시사학자들이 자신의 연구를 사회사나 경제사와 구분하지 못한다며 불평하며, 도시는 사회 또는 경제행위자들이 공연하는 무대에 지나지 않는다고 강조한다. 예를 들어 1971년 에릭 홉스봄Eric Hobsbawm은 도시사를 "도시에 관한 모든 것"을 포함하는 '역사 잡화점'에 비유했다. 반면에, 그로부터 2년 후 시드니 폴라드Sidney Pollard는 이 분야를 사회사와 동의어로 설명하며 "농업과 같은 농촌 생활의 일부 특정 측면을 제외하면 현대 영국 사회사는 도시사"라고 말했다.[4]

실제로 도시사와 사회사는 경제사라는 부모 밑에서 함께 성장한 형제라는 게 사실이다. 따라서 형제 사이에 자연스럽게 존재하는 일종의 사소한 다툼이 있더라도 가족적 유대감에 더 영향을 받는다. 두 분야 모두 주로 '아래로부터의 역사', 즉 경제력, 사회적 재생산의 주체, 국가의 규제 역할에 제약받는 평범한 사람들이 자신의 역사를 만들어 가는 주체로서 어떤 역할을 했는지 검토함으로써 인간의 경험을 설명하고자 한다. 그런데 도시사는 한 가지 근본적인 방식에서 사회사라는 형제와 다르다. 돌로레스 헤이든Dolores Hayden의 말처럼, 도시사학자는 도시가 "계획, 설계, 건설, 거주, 전유, 기념, 파괴, 폐기"된 방식의 '전체' 역사를 생산하면서 도시의 총체성에 접근하기 때문이다.[5] 도시사학자는 도시를 구성하는 여러 변수를 역사화된 주체이자 역사적 탐구의 객체 둘 다로 간주한다. 따라서 도시는 그 자체의 구성과 종합에서 주체성을 부여받는다. 상상의 도시 공간과 현실의 도시 공간은 모두 그 경계 안에서 일어나는 인간관계를 형성하고 구조화하며 표상한다.

이 장에서는 이러한 주제 중 몇 가지를 검토한다. 도시사의 기원과 성장을 서술하고 이 분야의 학제성을 개괄한다. 도시사는 적어도 1950년대와 1960년대 이후 탄력적인 경계를 즐겨 왔으며, 그 주창자들은 다른 곳에서 새로운 이론적 또는 방법론적 혁신을 끌어들이는 동시에 방문객들이 이 논의에 참여하도록 적극적으로 초대했다. 그러나 이것이 경계 없는 학제성은 아니다. 도시사는 역사학의 한 분야로서 그 형태와 정체성을 부여해 온 다양한 인식론적·조직적·전문적 특성을 누려 왔다. 도시사는 학술회의, 정기간행물, 총서 및 전자 토론 목록으로 구성된 고유한 학술 네트워크를 가지고 있다. 게다가 도시사의 학제성은 앞으로 살펴볼 것처럼 이 학문 분야의 근본적인 특징이다. 마지막으로 이 장에서는 1990년대 이래 문화사의 부상, 더 최근에는 인도·중국·개발도상국의 '도시적 전환'을 포함해 이 분야의 탄력성을 더욱 확장하는 데 도움을 준 도시사 내부에서 일어난 변화들을 살펴볼 것이다.

20세기 전환기의 도시사

타운과 도시의 역사에 관한 관심은 도시화 과정 자체만큼이나 오래되었다고 해도 과언이 아니다. 18세기와 19세기에 타운과 도시 발전에 관한 관심의 대부분은 골동품 연구, 도시 전기, 지역사 등 전통적으로 주류 역사의 범주에 속하지 않는 것으로 여겨졌던 분야에서 비롯되었다. 그런데 20세기에 접어들면서 역사적 관심의 확대가 더욱 심화했고, 동시에 서유럽과 북미 국가는 물론이고 일본과 러시아에서도 산업화, 이민, 국가 개혁으로 인해 도시화 속도가 엄청나게 빨라졌다. 따라서 초기의 많은 저술은 도시와 도시의 '문제들'에 대한 커다란 우려를 반영했으며, 당대의 도시 상태를 관찰하고 분류하고 개혁하려는 노력에 강하게 영향을 받았다. 예를 들어, 중세 타운에 대한 독일의 역사적 관심은 19세기 중반부터 오랜 전통을 자랑하지만, 도시사에 대한 학문적 관심이 폭발한 것은 1870년대 독일 통일 이후에 일어난 현상이다.[6] 20세기 초 앙리 피렌Henri Pirenne의 연구가 13세기 초부터 자체적인 제도를 갖춘 상인 공동체로서 타운의 오랜 역사를 밝히는 데 중요한 역할을 했던 저지대 국가들의 타운에 관한 역사적 관심도 마찬가지였다고 할 수 있다.[7]

도시 조건에 대한 역사적 관심이 서유럽 국가에서 도시계획, 시영화, 자선활동에 대한 동시대적 관심을 반영한 것은 우연이 아니다. 대니얼 로쉬Daniel Roche가 프랑스와 관련해 쓴 것처럼, 역사적 관심은 현재보다 풍요로워 보이는 과거에 대한 향수와 "공동체와 사회관리, 자연과 문화를 조화시킬 수 있는 미래 도시에 대한 꿈"을 결합했다.[8] 영국의 정원도시운동과 같은 당대 도시계획에 대한 관심은 근대 도시 조건의 사회적·경제적 현실과 혼합된 전통적 농촌 생활 방식에 대한 비슷한 향수를 공유했다. 이러한 전통적 스타일과 현대적 스타일의 결합은 필연적으로 도시를 새로운 물리적·공간적·경험적 관계의 장소로 수렴했다. 5장에서 논의할 것처럼, 20세기초 도시는 근대성의 중심지였다.

따라서 도시에 대한 이러한 초기 역사적 관심의 대부분은 인구 과밀, 빈곤, 비위생적인 환경이 초래한 도시문제들에 관한 현대적 불안과 더 체계적이고 계획적인 사회를 만들려는 추진력에 자극을 받았으며, 이는 도시사학자들이 오늘날에도 도시문제에 관심을 기울이는 이유를 설명해 준다. 계급, 퇴보, 인종에 대한 논쟁적이고 제국주의적인 수사, 빈곤과 나쁜 건강에 대한 진지한 과학적이고 자선적인 연구가 뒤섞인 이 다양한 문헌은 앤드루 리스Andrew Lees가 정리했다. 영국, 독일, 프랑스, 미국에서 대규모 산업도시의 성장은 도시화가 지적·문화적으로 인식되는 다양한 방식을 직접 관찰한 현대 작가들의 상당한 관심을 끌었다. 예를 들어 게오르크 한센Georg Hansen과 같은 독일의 반反도시 작가들은 도시화의 생리학적·인구학적 영향이 새로운 국민국가의 인종적 순수성에 위협이 될 거라는 두려움을 표현했고, 로버트 블래치포드Robert Blatchford 같은 영국의 대중주의 작가는 도시화를 노동계급의 도덕적·신체적 퇴보의 근본 원인으로 꼽았다.

하지만 모든 게 암울하고 절망적이었던 것은 아니다. 도시 생활에서 얻을 수 있는 경제적·사회적·문화적 혜택에 대한 본원적 믿음 덕분에 지적 관심이 자극되기도 했다. 여기에는 1890년대에 활동했던 프랑스의 경제학자이자 지리학자인 에밀 르바세르Émile

Levasseur와 그의 제자 폴 뫼리오Paul Meuriot가 포함된다. 르바세르는 파리와 같은 근대 도시가 급격히 증가하는 인구를 흡수하고 경제성장에 이바지하면서 국민이 사회적 균형을 유지하도록 돕는다고 믿었다. 뫼리오 역시 도시의 성장이 농촌에서 온 이주민들에게 국외 이민이 아닌 대안적 기회를 제공했다고 주장했다. 뫼리오는 19세기 대륙 전체에 걸친 현상이었던 '도시권역'의 성장을 연구하기 위해 유럽 각국의 도시개발 통계를 수집했으며, 석탄과 증기가 가져온 기술적·경제적 변화로 인해 사회구조가 이전 시대와는 비교할 수 없을 만큼 변화했음을 지적했다.[9]

따라서 우리는 인문학과 사회과학의 교차점에서 학문적인 도시사의 기원을 찾을 수 있다. 도시의 성장에 대한 이러한 관심은 통계적으로 지형도가 그려지는 인구학적·경제적 현상에 대한 반응일 뿐만 아니라 인류 문화의 정신적 변화를 표상했다. 게오르크 지멜Georg Simmel, 발터 벤야민Walter Benjamin, 막스 베버Max Weber, 루이스 워스Louis Wirth 등 현대의 저자들은 도시를 사회심리학적·구조적/기능적 측면에서 인식했다. 지멜은 '거대도시의 인간'을 개인이 근대 생활의 압박에 완전히 압도당하는 것을 피하려고 시간과 시계의 규율에 대한 엄격한 집착과 함께 꼼꼼함, 계산, 정확성의 특성을 수용하는 도시적 근대성의 창조물로 규정했다. 한편, 베버는 근대적인 경제적·사회적 관계의 거래적이고 비인격화된 특성을 도시인구의

익명성 증가를 설명하는 핵심 요소로 보았다.[10]

적어도 근대 도시사학자들 사이에는 도시화 과정에 대한 더 일반화된 설명을 제공하기 위해 사회과학적 모델을 활용하려는 내재적 경향도 존재한다. 초기 선구자는 근대 도시의 성장을 국가별로 분류하는 통계적 접근법을 취했던 경제학자 애드나 페린 웨버Adna Ferrin Weber였다. 이 접근법은 도시인구의 변화와 도시체계 내 인구 분포 및 순위에 대한 상세한 분석을 포함했다. 또한, 그는 찰스 다윈Charles Darwin의 연구를 참조하여 시골과 비교되는 근대 도시 생활의 장점을 기록했으며, 도시가 시골에서는 결코 제공할 수 없는 경제적·교육적·문화적 기회를 제공한다고 설명했다. 이를 통해서 도시는 '자연선택의 도구'로서 "무능하고 비효율적인 사람들을 걸러내고 더 유능한 사회 구성원을 발전시키는" 봉사를 수행했다.[11]

마찬가지로 막스 베버는 중세의 역사적 발전모델로서 서구 도시에 관심을 가졌는데, 이는 20세기 전환기에 도시-산업사회의 기능과 조직에 대한 그의 폭넓은 관심을 반영한 것이었다. 베버는 사후에 출간된《도시Die Stadt》에서 근대 도시를 고대부터 공통된 특성과 기능을 가졌던 도시공동체를 구성하는 사회적 행동, 관계, 제도의 체계로 자리매김했다. 여기에는 성벽, 시장, 자체적인 법정, 부분적으로 자율적인 법률 체계, 그리고 재산 소유자 및 세금 납부자인 시민burgher계층이 참여하는 결사적이고 행정적인 특성이 포함되었다. 베버는 유럽 도시가 중동 및 아시아의 다른 도시와 구별되는 점은 비교적 잘 발달한 도시의 정치적 자율성과 독특한 시민적·공동체적인 정체성이라고 주장했다. 이는 이후 아시아 도시, 특히 이슬람 세계의 도시에 관한 학문을 형성하는 데 영향을 미쳤다.[12]

20세기 도시 연구에 대한 이러한 지적 영향 외에도, 역사학자들은 베를린과 뒤셀도르프에서 각각 열린 1910년과 1912년 도시계획 전시회와 같은 대규모 도시 행사를 이 새로운 사회과학적 관심 분야에 대한 추가적인 증거로 언급한다. 이 행사들은 1913년 벨기에 헨트에서 개최된 세계박람회와 같은 다른 행사들과 함께 도시 개혁 및 계획 모델의 국제적 교류와 보급을 촉진했다. 시간의 흐름에 따른 타운의 발전과 공동체적 또는 자치체적 생활의 조직과 관리를 연구하는 과정에서 이러한 행사들은 필연적으로 도시사학자의 고유한 관심을 끌었다. 앙리 피렌은 심지어 헨트 박람회의 조직위원회에도 참여했는데, 이는 도시공동체의 역사를 당대의 사회 및 정치 문제와 연결하려는 도시사학자들의 갈망을 잘 보여 준다.[13]

도시와 도시화 연구의 국제적 연결이 증가함에 따라 선진국과 개발도상국 모두에서 이 분야의 성장은 필연적이었다. 이는 20세기 초 급격한 도시화와 산업화로 도시사에 관심이 높아진 스칸디나비아 국가들과 같은 작은 국가들의 경험에서 잘 드러난다. 예를 들어, 스웨덴에서는 1919년 초에 스웨덴 타운 연맹의 한 부서로 도시사 연구소가 설립되었으며, 여기에서 닐스 헤를리츠Nils Herlitz와 닐스 안룬드Nils Ahnlund 같은 역사가들이 타운의 성장과 행정에 대해 깊은 관심을 불러일으켰다. 한편, 노르웨이와 핀란드의 도시사에 대한 오랜 학문적 관심의 전통은 각각 1905년과 1917년이라는 늦은 국가 독립과 20세기 전반기의 도시화로 설명되었다.[14]

북미의 도시사
: 학제적 현상의 성장

당대적이고 역사적인 문제로서 도시에 관한 이 같은 상호적 관심은 1920~1960년대에 북미에서 도시사가 부상한 데서 잘 드러난다. 예를 들어, 특히 로버트 파크Robert Park, 어니스트 버지스Ernest Burgess, 루이스 워스 등 시카고대학교 '시카고학파'의 연구는 도시를 인간 사회와 문화의 변화 양상과 경험을 탐구하는 실험실로 활용한다는 구상을 개척했다. 이들은 연구 대상으로서 도시의 중요성을 확립하고, 경험적 데이터를 시험할 수 있는 이론적 모델을 제시했다. 그들은 또한 도시를 사회구조와 그 실천을 연구하는 수단으로 사용했다. 도시 생활은 더 넓은 지리적·물질적 환경에 내재하는 것으로 가장 잘 이해되었다. 토머스 기어린Thomas Gieryn의 말처럼, 시카고학파의 연구자들은 도시에서 현장 관찰을 수행하여 시카고라는 도시를 사회적 삶에 대한 지식을 생성하고 자리매김하는 연구실로 탈바꿈시켰다. "시카고학파의 도시 연구는 시카고에서의, 시카고의, 시카고에 관한 것이었다." 이런 점에서 도시는 과학적 측정, 실험, 분류를 통해 "그곳에 있는 것"이 "관찰이나 발견에 대한 권위를 주장하는 데 필수적인 부분"이 되는 "진리의 장소"가 되었다.[15]

시카고학파의 연구는 이후 북미에서 역사와 사회과학 사이의 연관성을 확립하는 데, 특히 도시의 사회구조와 공간 활용이 시간에 따라 변화하는 다양한 방식을 조사하는 데 결정적인 역할을 했다. 예를 들어, 아서 슐레진저 주니어Arthur Schlesinger Jr.는 오하이오주 콜럼버스의 대학원에서 도시가 사회조사의 연구실이라는 구상을 실험하면서 도시 연구에 대한 사회학적·지리적 접근법을 처음 접했다. 이후 출간한 저서들, 특히《도시의 성장, 1878~1898 The Rise of the City, 1878-1898》은 이러한 새로운 방법론을 바탕으로 19세기 후반 미국의 도시-산업 변화에 대한 최초의 상세한 연구를 제공했다. 이후 리처드 웨이드Richard Wade, 베이드 스틸Bayrd Still, 블레이크 맥켈비Blake McKelvey 등의 연구가 이어졌고, 후속 세대 도시사학자인 에릭 램파드Eric Lampard, 샘 배스 워너 주니어Sam Bass Warner Jr. 등은 슐레진저 주니어를 이 분야의 역사가 고립되었던 시기에 주요한 영향을 미친 인물로 꼽았다.[16]

20세기 중반의 발전하던 사회과학 학문들은 도시사학자들에게 비옥한 번식지를 제공했다. 도시 생활의 병리적 측면과 전후戰後 계획이 일상생활에 미치는 영향에 대한 광범위한 현대적 관심은 대중적 연구와 학술적 연구의 구분을 모호하게 만들었고, 다양한 학문적 접근 방식을 도시정책 형성에 대한 더욱 일반적이고 접근 가능한 비판으로 묶어 냈다. 전후 세계의 제한된 성취에 좌절한 새로운 세대의 활동가와 작가들은 사회적·문화적 삶의 활기찬 동력으로서 도시에 대한 열정, 새로운 보존과 보호 운동에 대한 헌신, 다운타운 재개발과 교외 스프롤 | 무분별 팽창 | 의 파괴적인 특성에 대한 좌절감과 함께 등장했다. 그들은 '도시주의 기관'의 점점 더 무관심한 활동에 대한, 또는 크리스토퍼 클레멕Christopher Klemek이 '도시재생 질서'라고 칭했고 여론과 동떨어져 있다고 여겨졌던 전문 계획자, 건축가와 디자이너들에 대한 좌절과 분노로 단결했다.[17] 제인 제이콥스Jane Jacobs의 《미국 대도시의 죽음과 삶The Death and Life of Great American Cities》, 장 고트망Jean Gottmann의 《메갈로폴리스Megalopolis》, 루이스 멈포드Lewis Mumford의 《역사 속의 도시The City in History》는 모두 1961년에 출간되었는데, 도시계획에 대한 근본적인 재고를 촉구하고 시민 참여가 없는 재건축의 위험성을 교훈으로 제공하는 과거의 사례를 활용함으로써 도시사학자들에게 선례를 남겼다. 제이콥스는 고립된 도시 동네의 건설로 도시공동체를 파괴한 모더니스트 계획자들

의 책임을 찾아내며 전후 도시정책을 비판했다. 특히, 그녀는 고층 아파트 블록과 자동차의 자유로운 수용을 위해 이른바 도시의 '신경 체계'인 거리와 보도를 파괴한 것이 다운타운의 죽음을 예고한 것이라고 언급했다.[18]

한편, 고트망은 매사추세츠주 보스턴에서 뉴욕, 필라델피아, 볼티모어를 거쳐 워싱턴DC와 버지니아주 북부에 이르는 부상하는 미국 북동부 거대도시 해안이 제기한 다양한 계획 및 행정 문제를 확인했다. 유엔 해비타트의 최근 초거대 지역 연구는 새로운 공간 구성 틀과 후속적 개념화에서 이 연구에 큰 빚을 지고 있는 것이 분명하다.[19] 또한, 1930년대 후반 과잉 개발의 위험성을 경고했던 역사학자이자 사회학자인 루이스 멈포드는 도시 문화가 기술혁신에 점점 더 잠식당하는 시대에 네크로폴리스ㅣ죽은 이들의 도시ㅣ의 도래를 예언처럼 예견했다. 멈포드가 보기에, 도시 성장의 유기적 특성과 근대 계획의 물리적 설계 사이에서 시민 지도자와 그 계획자들이 균형을 잡지 못할 경우, 무분별하게 팽창하는 초거대도시는 로마 도시가 맞이한 운명에 처할 위험이 있었다.[20] 당대 다른 작가의 말에 따르면, 근대 도시는 극심한 사회적 불평등의 장소가 되고 있었다. '미화된 지방주의'에 이끌린 부유층은 교외('청바지와 쇼핑센터의 땅')의 단순함을 찾아 도시를 떠났고, 그곳에서 고속도로와 지하도로 단절

된 슈퍼블록*들과 사회적 박탈의 섬들로 오래된 다운타운 지역을 재개발하고 있던 계획자들과 이웃해 살았다. 비록 미묘한 차이는 있었으나 마찬가지로 서유럽에서도 근대 도시주의자들이 실천한 기능적 분리와 용도지역 지정이 아닌 '다중 용도'(건물이나 지역의 기능 혼합) 아이디어를 옹호하는 《건축비평Architectural Review》(영국)과 《건축세계Bauwelt》(서베를린) 같은 정기간행물과 함께 비평이 진전되었다.[21]

이러한 논쟁적인 연구들은 필연적으로 1960년대를 도시 위기의 10년으로 설명하려는 역사적 관심을 자극했다. 특히 오스카 핸들린 Oscar Handlin이 근대 도시 연구 프로그램을 '역사 연구의 한 분야'로 자신 있게 자리매김했을 때, 이 현상에는 내재적으로 근대적인 무언가가 존재했다. 핸들린이 베버, 멈포드, 지리학자 기드온 소버그 Gideon Sjoberg, 정치학자 윌리엄 롭슨William Robson의 연구를 바탕으로 근대 산업도시는 이전의 도시와는 근본적으로 다르며, 따라서 '그 자체로 존재하는 세계'가 아니라 그 도시가 위치한 더 넓은 세계와의 관계 속에서만 연구될 수 있다는 주장을 펼친 이래 이 분야는 명백하게 학제적 분야였다. "자기 고유의 특성을 가질 만큼 충분히 크지만, 근대 도시는 여전히 외부 사회와 불가분하게 연결되어 의존하

---

* super-block. 여러 개의 도시 블록을 하나로 묶어 큰 블록을 형성하고 자동차 통행을 제한하거나 특수 목적 차량의 저속 주행만 허용하는 계획적 도시 공간.

고 있으며, 규모가 커지면서 의존의 힘이 감소하기보다 오히려 증가했다."[22] 이후 1965년 시카고대학교에서 미국 사회과학연구회의 후원으로 열린 '도시화 연구'에 관한 국제 학술대회에서 이 주장은 더욱 강화되었다. 이 대회에는 도시화 공동위원회를 구성한 지리학자와 역사학자의 대담이 포함되었는데, 이들은 "도시화 과정에 관한 다학제적 연구의 발전을 위해 노력할 것"을 미래의 학자들에게 권고했다.[23]

도시를 역사 탐구의 정통적 주제로 확립한 이 새로운 세대의 학자들은 경험적 역사의 최고 요소들을 이론적 시험과 계량화 및 비교로 얻은 엄격한 방법론과 결합했다. 이들의 연구는 전후 역사 연구의 선봉에서 기존 역사적 실천의 경계를 허물고 카드 색인화 및 컴퓨팅과 같은 새로운 기술을 활용했다. 그 결과 1960년대 후반에는 '상향식'으로 도시 경험을 정량화하는 것에 더욱 전문화된 '새로운 도시사'가 등장했다. 특히 스테판 던스트롬Stephan Thernstrom, 에릭 몽코넨Eric Monkkonen, 캐슬린 콘젠Kathleen Conzen 등의 주목할 만한 연구들이 있었다. 이 새로운 문헌은 개별 도시 내 계층과 민족 집단의 사회적 이동성을 추적하기 위해 발표되는 인구조사의 활용에 중점을 두었다. 예를 들어, 매사추세츠주 뉴베리포트에 초점을 맞춘 던스트럼의 연구 같은 소도시 선호는 잘 연구되지 않은 장소들에 대한 새로운 관심을 반영했다.[24]

그러나 근본적으로 새로운 것이 등장했음을 확신하지 못하는 이들이 여전히 있었다. 예를 들어, 1974년 《도시사 저널Journal of Urban History》 창간호에 실린 브루스 스테이브와의 대담에서 샘 배스 워너 주니어는 "나중에야 하나의 분야가 된 것"에 우연히 뛰어들었다고 고백하며, 다른 분야의 도움 없이는 도시사를 연구하거나 가르칠 수 없다고 공언했다. 그는 또한 도시에 거주하게 된 사회집단 연구에 골몰하는 도시사에 대해서 경고했다. 도시사학자들은 도시를 총체적으로 파악하고 도시의 정치, 경제, 사회, 공간 체계를 개별적으로 그리고 비교 탐구해야 한다. 도시는 스스로 만들고 재구성하는 행위자이기 때문이다.[25] 이러한 관점은 이제부터 살펴볼 영국의 다이오스와 레스터학파의 견해와 일맥상통했다.

영국의 '다이오스 현상'

많은 영국 도시사학자에게 다이오스는 도시사의 대가였다. 데이비드 리더David Reeder에 따르면, 도시에 대한 다이오스의 '한결같은 헌신'이 그를 "1960년대 급성장한 도시사 분야의 선도적 인물"로 만들었다.[26] 다이오스는 도시사 분야 전체의 부모이자 산파로 묘사되었다(도시사의 '아버지'로 더 자주 언급된다).²⁷ 그는 잉글랜드 최초의 도시사 교수(1971년 레스터대학교)였으며, 《도시사 뉴스레터Urban History Newsletter》(1962)와 《도시사 연감Urban History Yearbook》(1974)(후에 Urban History로 변경)의 창간자이자 편집자였고, 도시사 관련 총서를 편집했으며, 1963년부터 1978년 이른 나이에 사망할 때까지 도시사그룹(UHG)의 연례 학술회의를 조직했다. 이 대학교의 도시사연구소 연구자들이 목록화한 그의 개인적이고 전문적인 자료들은 연구용으로 제공되어 영국 도시사의 기원과 발전에 관한 박사학위 연구에 쓰였다.²⁸

다이오스는 또한 1961년에 출간된 가장 영향력 있는 도시사 단행본 중 하나인 《빅토리아 시대의 교외: 캠버웰의 성장 연구Victorian Suburb: A Study of the Growth of Camberwell》의 저자로, 후대 학자들의 연구 분야를 정의한 이 책은 강의 필독서로 남았다. 이 책에서 다이오스는 인구 증가와 도시화라는 거대한 과정과 도시에서 생활하는 개인의 경험을 연구하는 것의 중요성을 확립하면서 도시사 분야의 주요 윤곽을 그렸다. 이 거대한 과정에는 산업화, 교외화, 시영화가 포함되었는데, 근대 도시의 형태는 무엇보다도 자본주의적 사업에 그리고 슬럼 및 교외의 투기적 개발과 규제가 만들어 낸 공간 분리에 기반했다.

그런데 이러한 과정 자체는 인간 행동의 산물이다. 다이오스가 언급한 바와 같이, "빅토리아 시대 교외를 만든 건 각양각색의 매우 많은 사람들인데, 여기에는 교외 건설 사업에 명백하게 참여한 사람들뿐만 아니라 교외 구조에 기여한 바가 적거나 미미해 보이는 사람들도 포함시켜야 한다."[29] 즉, 토지 소유자, 투기적 건설업자, 금융가, 서비스 제공자, 그리고 도시 거주자들 자체를 연구하는 것이 이들 관련 세력 내에서의 인간관계를 이해하기 위해 똑같이 중요하다는 의미다. 이는 이후 한 장소의 특성이 당대의 광범위한 사회적·문화적 경향과의 연결을 유지하면서도 어떻게 독특해졌는지를 드러냈다. 다이오스는 1966년 9월 레스터대학교에서 열린 국제 원탁회의 자료집의 일부였던 '도시사학자에게 드리는 제언'에서 다음과 같이 말했다.

도시사 연구는 단순히 시간과 공간에 어느 정도 고정된 개별 공동체에 대한 연구, 즉 지역사의 도시적 측면이라고 할 수 있는 것을 넘어 특정 공동체의 생애주기와 경험 범위를 완전히 초월하는 광범위한 역사적 과정과 경향에 대한 조사를 의미해야 한다.[30]

더 간단히 말하자면, 도시사학자들은 사람들이 살고 일하는 도시 구조와 사람들의 상호작용에 관심이 있다. 도시적 접근 방식을 통해 역사학자는 특정 도시의 현재 상태를 그 도시를 형성한 역사적 힘의 맥락에서 설명할 수 있다.

  1973년 교수 취임 강연에서 다이오스는 도시사의 학제적 특성과 다학제성을 교조적으로 강조했다. "이제쯤 분명해졌을 텐데, 도시사는 지식의 한 분야이며, 일반적인 의미에서 하나의 학문이 아니라 많은 학문이 융합되거나 적어도 많은 학문을 끌어들이는 분야이다."[31] 이는 실제 (하나의 공식적인 학문적 교회로서) 도시사가 비교적 소수의 독실한 교구 신자들로 구성되었을지라도 그 영향력은 다양한 신앙에 걸쳐 광범위하게 퍼져 있음을 의미했다. 중요한 것은, 특별한 방법론적 접근보다는 도시의 총체성 및 더 넓은 맥락과의 연관성에 관한 관심이다. 나중에 다이오스는 도시사가 1970년대에 학회, 정기간행물, 총서를 통해 더 일관된 학문적 정체성을 갖게 된 덕분에 그동안의 난잡함은 상실했지만, "어떻게든 독특한 학문을 가진 척하는 것은 커다란 자만"이라고 언급했다. 대신에 그는 도시사를 역사적으로 탐구된 현안에 몰두하는 '일종의 전략'으로 보아야 한다고 주장했다.[32] 다이오스에게는 시간을 통해 탐구된 '도시'야말로 역사에 대한 도시적 접근의 유일한 기준이었다. 도시들은 개별 도시의 전기로, 또는 더 넓은 '도시 가족'의 일부로 비교 탐구될 수 있지만, 상호작용적이고 분석적이어야 한다.

도시사를 수행하는 방법

거대한 과정과 장소에 대한 이 같은 헌신이 계속해서 도시사를 형성해 왔다. 다이오스 사망 이후 앤서니 서트클리프Anthony Sutcliff와 데릭 프레이저Derek Fraser가 도시사 분야를 재조명하기 위해 편집한 《도시사의 추구The Pursuit of urban history》에서, 시드니 셰클랜드Sydney Checkland는 전기적 또는 비교 도시 사례 연구를 통해 사회·경제·공간·정치 체계에 '포함된 맥락'을 수용하는 이들을 '올바른 도시사학자'로 설득력 있게 서술한다. 그리고 "공유된 상황에서 형성되고 기능하는 다양한 도시"를 밝혀내기 위해 도시 사례 연구를 '맥락 속의 장소'에 관한 전기적 연구이자 장소 간 비교로 모두 활용하는 수많은 역사학자들의 사례를 인용한다. 이를 통해 도시 구조와 기능, 성과는 물론이고 일반적인 도시문제와 이를 해결하고자 채택한 방향들을 비교할 수 있다.[33]

데이비드 리더와 리처드 로저를 비롯한 역사학자들은 여러 저자가 집필한 도시 전기의 가치를 확립했고, 이로써 도시는 점차 역사적 가족의 일원으로서 위치하게 되었다. 이러한 연구들은 사회적 실체이면서 역사의 여러 단계에 존재하는 개별 도시에 대한 진지한 전기를 제공하며, 장소의 특수성과 도시체계 내에서 권력의 광범위한 작동을 모두 주목한다.[34] 비슷한 맥락에서, 도시사에 대한 협력적 접근 방식은 물류적·기술적 어려움에도 불구하고 도시를 가장 넓은 맥락에 위치시키면서도 독립적인 도시 변수에 초점을 잃지 않는 비교 및 초국가적 접근 방식을 보여 주는 새로운 출간물과 함께 국가 간 도시 전기의 추가적 확장을 암시한다.[35]

도시 전기와 비교 도시사는 도시 규모(수도, 제2의 도시, 초거대 도시 등), 기능(항구, 산업, 광산, 온천, 관광 중심지 등), 범주(지중해 도시, 제조업 도시, 캐나다의 대초원 도시, 영국의 뉴타운 등), 그리고 인구, 교통, 정부 규제, 소득 및 직업 양상을 중심으로 한 주제 연구에 따라 유형학적 틀(또는 세클랜드가 설명하는 '가족'이라는 관용구) 내에 위치하는 경향이 있다. 이는 도시사학자들이 순수한 지역 연구에서 벗어나 도시화 및 도시 성장의 흐름, 연결, 양상에 대한 더 넓은 네트워크 역사에서 도시들의 특이점을 파악할 수 있게 했다. 항구도시에 관한 문헌은 민족문화를 초월하여 고유한 문화적·정치적·사회적·경제적 실천을 생산하는 더 넓은 국제적이고 범세계적인 네트워크의 교점으로서 여러 해항 간의 연관성을 검토하는 데 특히나 적절했다. 카롤라 하인Carola Hein이 설명한 것처럼, 항구도시의 도시환경과 인간관계는 "행위자들의 특정한 지역적 배열, 해안 지역 및 배후지와의 관계, 그리고 글로벌 변화의 산물"이다. 항구도시는 전 세계 특정 도시 간의 무역 및 교류 네트워크를 기반으로 건설되었기에, 특정 항구도시들을 비교하면 건축 및 사회환경의 여러 층위를 형성한 글로벌 변화와 지역적 이니셔티브의 조합을 추적할 수 있다.[36]

《도시사Urban History》,《도시사 저널Journal of Urban History》,《도시사 비평Urban History Review/Revue d'histoire urbaine》(1972년 창간된 캐나다의 도시사 학술지) 같은 학술적 정기간행물은 장소적 맥락 검토에 대한 이러한 강조점을 반영한다. 이 학술지들은 거시적 사회 및 경제 체계에 관한 관심과 도시적 경험의 일상적인 측면에 대한 미시적 연구를 결합하여 관련 주제에 대한 다양한 논문들을 게재해 왔다. 이 학술지들은 학제적이고 비교적인 접근 방식을 취하는 도시사 연구 논문들의 출간을 보증했는데, 시간 흐름에 따른 타운 또는 도시개발 비교뿐만 아니라 한 국가 내부의 또는 국경을 넘나드는 타운과 도시 비교 사례가 점차 증가하고 있다.[37] 최근 수십 년 사이에는 문화 간 비교도 등장했으며, 목차를 살펴보면 특히 젠더, 섹슈얼리티, 민족, 계급의 상호의존성에 초점을 맞춘 타운과 도시 문화사 논문들이 증가하고 있음을 알 수 있다. 이는 역사학에서 문화적 분석으로의 광범위한 전환의 징후이며 도시사에 뚜렷한 영향을 미쳤다.

도시사의 '문화적 전환'

다이오스는 마이클 울프Michael Wolff와 함께 도시 문화사에 최초의 중요한 공헌을 했다. 1973년에 두 권으로 출판된 시론 모음으로 지도, 사진, 삽화 등 풍부한 시각 자료가 장마다 실린《빅토리아 시대의 도시: 이미지와 현실The Victorian City: Images and Realities》이 그것이다. 1967년 인디애나주 블루밍턴에서 열린 빅토리아 시대 학술대회에서 인문학 및 사회과학 분야의 학자들이 모인 것을 계기로 출간된 이 책은 이주, 빈곤, 부동산투기, 계획 등 사회적·경제적 현실과 함께 도시 생활에 대한 사람들의 인식을 다룬 최초의 역사서 중 하나였다. 그런 점에서 이 책은 도시사학자는 도시를 사회적·경제적 형태뿐만 아니라 문화적 형태로도 역사화해야 한다는 다이오스의 신념을 반영했다.[38]

다양한 서평과 다이오스의 개인적 서신에서 볼 수 있듯이, 빅토리아 시대 도시를 연구하는 역사학자는 시각적이고 상징적인 형태뿐만 아니라 사회구조도 고려해야 한다는 다이오스와 울프의 주장에는 눈에 띄게 흥미로운 점이 있었다.[39] 그것은 도시 현상의 통계 측정에 대한 빅토리아 시대의 집착을 다룬 아사 브릭스Asa Briggs의 시론에서 분명히 드러나듯이, "빅토리아 시대의 도시 세계는 파편화되고 복잡하며 절충적이고 지저분했다. 이를 이해하려는 단일한 접근법은 우리에게 모든 올바른 질문과 답변을 제공하지 않거나 모든 적절한 증거로 우리를 인도하지 않는다"라는 인식이었다.[40] 이는 도시가 19세기 최대의 예술 형식이라는 아이디어와 도시가 현대사회의 모든 희망과 두려움을 불러일으키는 방식, 즉 도시에 대한 문화적 태도를 더 일반적으로 새롭게 강조하는 것을 가리켰다.

역사학 전반에 일어난 언어적 전환의 영향과 포스트모던한 조건 아래에서 도시 문화가 역사적으로 전승되는 다양한 방식을 탐구하는 도시사학자들의 관심이 증가하면서 1980년대와 1990년대에 이 분야에 중요한 변화가 일어났다. 이 전환은 부분적으로 과거를 연구하는 사회과학적 접근법, 특히 경제적 조건을 역사 변화의 원동력으로 우선시했던 마르크스주의 전통에 대한 인식론적 반작용이었다. 과거에 대한 거시적 수준의 분석에서 벗어나 다양한 역사적 경험을 우선시하거나, 더 간결하게 말하자면 하나의 거대 서사가 아닌 과거의 다양한 서사를 연구하는 게 필요했다. 특정 장소에 더 많은 미시사를 요구하고, 단순히 계급이 아닌 (예를 들어 젠더, 섹슈얼리티, 인종, 민족 등의) 다양한 관점에서 정체성을 탐구하는 이 '새로운 문화사'는 사회 현실과 이를 설명하기 위해 만들어진 범주들이 언어를 통해 담론적으로 구성되었으며 연구는 오직 그 현실을 표상할 수 있을 뿐이라는 이해를 반영했다. 게다가 이 전환은 도시화, 도시 변화 혹은 도시적 행동 양상에 대한 단일한 구조적 설명은 존재하지 않는다는 것을 시사했다. 그 결과, 문화는 역사적 변화를 설명하고 역사적 변화에 대한 거대 서사에서 벗어나는 중심 무대가 되었다. 이는 이후의 장들(특히 2장, 3장, 5장)에서 살펴볼 것이다.

이러한 문화 분석으로의 전환이 실제로 무엇을 의미했는지는 그 이후로 계속 논쟁의 대상이 되어 왔다. 티머시 길포일Timothy Gilfoyle을 비롯한 일부 평론가들은 다양한 서사 및 상충하는 해석의 존재가 도시사 분야에 '해석적 혼란'을 야기했다고 주장한다. 그는 1893년 시카고에서 열린 콜럼버스 기념 세계박람회에 대한 역사 기록을 예로 들어, 한때는 박람회가 물리적 계획과 신고전주의 건축의 상당히 단순한 사례로 여겨졌으나 지금은 서로 다른 관점이 충돌하는 '해석적 뷔페smorgasbord'가 되었다고 말한다.

도시사학자들에게 박람회는 엘리트와 평민의 가치에 대한 은유, 여가 및 상업 문화의 상징, 정점에 이른 산업도시, 인종, 민족, 계급과 젠더 갈등의 물리적 구현, 19세기 계획의 시작과 끝, 19세기 미국 국민주의의 정수를 표상한다.[41]

이후 해석의 렌즈를 짧은 시간 범위의 미시적 사례 연구로 좁히려는 경향이 커졌으며, 이는 장소의 맥락이라는 더 큰 그림에 대한

'시간적 맹인'(스튜어트 블루민Stuart Blumin이 말한)을 만들어 냈다.[42] | '시간적 맹인'은 과거를 현재와 근본적으로 다른 것으로 인식해 연속성을 경시하는 것을 뜻한다. |

길포일도 건축사와 사회사, 문화사의 이러한 융합이 새로운 조망의 지평을 열어 이후 연구를 풍성하게 했다는 점은 인정한다. 여기에는 여가의 역사, 작업장 문화, 젠더 관계와 가정문화, 이주민과 민족의 문화적 정체성, 건축 경관의 물질성 등이 포함된다. 그는 마천루를 다양한 문화적 의미와 사회적 영향을 구현한 사례로 언급한다. 마천루는 20세기 전환기 뉴욕의 스카이라인을 수놓으며 부와 명성을 향한 열망을 표상했지만, 보스턴과 시카고에서는 유럽의 스카이라인 미학을 모방하려는 엄격한 고도 제한으로 마천루 건설이 좌절되었다. 초기의 마천루는 신문산업 및 보험산업과 연관되어 있었기 때문에, 모나 도모쉬Mona Domosh가 보여 주듯이 기업의 상업적 정체성, 개인의 명성 및 기업 권력의 물질적 표현이기도 했다. 특히 뉴욕의 상업 엘리트들은 '자본주의의 수도'라는 그들 도시의 주장뿐만 아니라 개인적 지위를 표현하기 위해 높은 빌딩을 세웠다. 따라서 근대적 양식의 건물에 대한 현지화된 응답을 생성하기 위해 기술, 돈, 문화적 감성이 혼합되었다.[43]

이러한 문화적 전환은 학술 조직의 부활과 함께 진행되었는데, 이는 아마도 도시사 분야 내부의 파편화 경향에 대응하기 위해서였을 것이다. 1992년 저널《도시사 연감》이《도시사》로 재간행되었을 때, 편집장 리처드 로저는 연구자들이 각자의 '고유한 도구와 분석 개념'을 연구에 도입하고 점점 더 전문적 하위 그룹으로 분화하는 학문적 파편화를 경고했다. 1990년대 영국에서 10년 동안 침묵을 지키던 도시사그룹(UHG)이 다시 결성된 것도 이에 대응하려는 시도였다. 중세, 초기 근대, 근대 도시사 간의 시간적 분절은 이 분야에 또 다른 복잡성을 더했다. 예를 들어, 전근대 타운 그룹은 1978년부터 모임을 하며 중세 초기부터 18세기까지 영국과 유럽의 도시에 관한 역사 연구를 논의했다. 연구자들은《도시사》저널이 더 자주 간행되면서 토론과 연구의 장이 마련되어 이 분야에 더 커다란 구조와 명확성을 제공하리라 기대했다. 더욱이 단행본과 편집 총서, 특히 관련 시리즈의 지속적인 출판은 이 분야에 새로운 주제적 일관성을 부여했다.[44]

1980년대 후반 이래 관련 학회들의 결성은 유사하게 실천적인 도시사학자들의 네트워크를 만들어 내며 파편화 경향에 대응했다. 영국, 프랑스, 독일, 이탈리아, 네덜란드, 미국 등에서 각국의 도시사학자 그룹이 생겨났고, 유럽도시사학회(EAUH)는 1992년부터 도시사학자들을 위한 다국적 플랫폼을 제공했다. 학문적 탄력성의 실천은 학술회의 주제의 순환, 비공식적인 '회원제'(EAUH나 UHG 모두 가입비나 회원 자격 유지를 부과하지 않고, 회원 자격을 학회에 지속적으로 참여하는 것으로 인정한다), 협력적 조직에 대한 강조(특히 EAUH는 다른 국가/대학교 소속의 분과 조직자들을 선호한다)를 통해 유지된다. 도시 생활의 문화적 경험 측면은 최근 이들 학회가 주최한 학술회의의 반복적 특징이지만, 원탁 토론에서는 삶의 경험적 특성과 도시경제, 사회적 정체성과 행정의 틀 짓기 간의 관계라는 근본적인 질문으로 되돌아간다. 도시는 여전히 총체적으로 면밀히 검토되고 있다.

동쪽으로 향하는 '도시적 전환'

지금까지 서유럽과 북미 지역에서 도시사가 부상하고 진화한 과정을 살펴보았다. 발전해 가는 세계의 도시사, 특히 영미 도시사의 발전에 영향을 받은 국가들(예를 들어 남아프리카공화국과 캐나다)의 도시사에 대한 장기적인 관심사가 존재했지만,[45] 최근에는 집중적인 도시화를 겪고 있는 국가들에서 도시 경험에 대한 학문적 관심이 증가하고 있다. 예를 들어, 2002년에 쓴 글에서 기안 프라카시Gyan Prakash는 인도에서 도시와 도시 생활에 관한 관심이 '눈에 띄게 급증'하고 있음을 확인했다. 2011년 인구조사에 따르면, 인구 1백만 명이 넘는 도시가 46개에 달할 정도로 인도에서도 타운과 도시가 급격히 증가했다. 이러한 수적 증가와 함께 전체 인구 12억 1천만 명의 3분의 1 이상이 도시 지역에 거주하게 된 도시인구의 확대는, 임시 일자리를 찾아 도시로 이주한 사람들과 증대하는 정치적·경제적 기회를 누리는 새로운 인도 엘리트 간의 엄청난 불평등에 따른 많은 어려움을 발생시켰다.[46]

프라카시는 2000년에 결성된 뭄바이 연구 그룹의 활동을 도시 행동주의와 건축가, 언론인, 문화 실천가, 인류학자, 역사학자 등의 학문 융합 사례로 꼽았는데, 이들은 인도의 근대사를 농촌의 뿌리에서 벗어나 신자유주의 및 세계화 정치가 지배적인 포스트-민족주의적 경관으로 이동시켰다.[47] 이 '도시적 전환urban turn'이라는 명칭은 이후 인도와 남아시아 역사학계에 스며들었다. 특히 식민지 및 탈식민 인도를 대표하는 도시 뭄바이(과거 봄베이)의 경우가 그러한데, 일곱 개의 어촌 섬으로 이루어진 군도에서 4천 평방킬로미터가 넘는 면적과 1,800만 명 이상의 인구가 거주하는 초거대도시로 팽창한 뭄바이의 놀라운 성장에 사람들의 관심이 쏠렸다. 프라샨트 키담비Prashant Kidambi의 표현을 빌리자면, 뭄바이는 부자와 가난한 자 사이의 '엄청난 대조'의 도시다.

한편으로는 인구 대다수가 도시의 밀집한 '슬럼'에 조밀하게 들어차 있는 열악한 환경에서 생활하고 일하며 소위 비공식 부문에서 불안정한 생계를 이어 가고 있다. 반면에 부유한 엘리트들은 런던이나 뉴욕의 엘리트와 경쟁할 만큼 계산된 사치스러운 생활양식을 추구한다. 경제자유화와 '세계화'는 '슬럼 거주자'와 '백만장자' 사이의 놀라운 부당함을 더 부각하는 역할을 했을 뿐이다.[48]

탈식민 도시의 빈부격차는 필연적으로 도시사학자뿐만 아니라 소설가나 영화제작자들의 관심도 끌었다. '도시적 전환'은 탈식민 도시사회에서 사회적·경제적 불평등의 장기적 기원과 심화를 이해하는 방향으로의 전환이지만, 이 전환은 앞서 설명한 문화적 접근 방식에도 똑같이 내재했다. 예를 들어, 매튜 갠디Matthew Gandy는 탈식민 대도시들에서 사회적 불평등이 기술, 계획 및 공학의 물질문화를 통해 지속해 나타나는 방식을 조사했다. 뭄바이에는 빅토리아 시대 후기에 건설된 상수도망에 근대 토목공학의 사회기술적·공간적인 흔적이 남아 있지만, 도시의 슬럼에는 기본적인 위생 시설이나 깨끗한 물이 부족하고 빈민은 높은 영아사망률과 수인성 질병으로 고통받고 있다. 한 저자는 악천후로 인해 빈민가의 배수로와 하수구가 부유층의 배설물로 막히는 경우가 많다고 썼다. 실제로 뭄바이가 위치한 마하라슈트라주의 주변 정글과 호수, 산에서 하루에 약 3천만 리터의 물을 운반하는 뭄바이의 자치체 상수도 공급 체계는 도시의 수요를 감당하지 못하고 있으며, 기업과 주민 모두 도시 전역에 흩어져 있는 오래된 우물과 시추공, 개인 물탱크와 불법적인 연결에 의존할 수밖에 없다.⁴⁹

인도의 '도시적 전환'은 개발도상국의 타운과 도시에 관한 관심이 지리적으로 더 널리 인식되고 있음을 표상한다. 최근 들어 라틴아메리카, 아프리카, 동유럽, 중동 등 지금까지 연구가 부족했던 지역의 도시 생활사에 관한 독창적인 연구가 발표되면서 해당 지역의 도시 형태와 개발에 대한 오래된 가정들에 도전하고 있다.⁵⁰ 최근 《도시사 저널》 및 《도시사》 특별호는 중국의 역사 연구에서, 특히 초기에 윌리엄 스키너William Skinner와 다른 학자들이 닦은 토대를 바탕으로 한 서양의 연구에서 유사한 '도시적 전환'을 확인한다. 중화인민공화국의 기록보관소 개방은 중국 내부뿐 아니라 해외의 중국 도시사 연구를 촉진했다. 이러한 높아진 관심은 마오쩌둥 이후 중국이 도시적 국가로 부상하면서 | 2012년 | 13억 5,500만 인구의 절반 이상이 도시에 거주하고 있다는 점을 반영한다. 도시사의 인기가 높아지면서 중국 내에서도 현대 도시 연구에 관한 관심이 커졌으며, 중국 도시사 역시 그 방법론과 이론적 접근 방식이 학제적이라는 증거가 있다.⁵¹

가장 초기의 학문적 관심은 명(1368~1644)과 청(1644~1911)대의 시장 타운 | 시진市鎭 | 에 있었지만, 최근에는 상하이, 난징, 톈진 등 외국

인이 운영한 개항 도시 조계지에서 서양의 영향을 받아 새로 발전해 가는 도시 문화와 중국 문화가 더 정기적으로 접촉했던 청나라 말기와 민국 시대(약 1840~1949)에 관심이 커지고 있다. 라나 미터Rana Mitter가 쓴 것처럼, "특히 상하이 같은 개항 도시들은 이 도시들이 중국 영토 안에 있고 대부분 중국인이 거주한다는 현실을 때때로 유예하는 것처럼 보이는 특정한 유형의 제국적 근대성을 창출했다." 미터는 "공공 조계지의 서점과 프랑스 조계지의 커피숍을 돌아다니며 간접적으로 파리의 센강 좌안의 생활양식대로 살아간" 작가 스저춘施蟄存의 '외향적' 근대성을 그 예로 언급한다.[52]

다른 역사가들은 이 시기에 서양 문화와 중국 고유의 문화가 혼합된 방식을 검토했다. 예를 들어, 루스 로가스키Ruth Rogaski는 건강과 질병에 대한 서양의 이해가 중국에서 모든 것을 포괄하는 삶의 방식인 위생(웨이셩衛生)의 전통적 의미와 혼합된 방식을 추적한다. 결과적으로 식이요법, 명상, 자가 치료 요법과 위생의 전통적인 연관성은 제국주의 국가권력의 도래와 과학적이고 인종적인 청결 및 위생 기준과 결합하여 개항장 텐진에서 '위생적 근대성'의 혼종적 버전을 만들어 냈다. 로가스키가 보기에, 당시 중국이 국가적 예속에서 벗어나 세계적으로 각성하는 것은 위생의 실천, 즉 중국 문제의 의료화에 집중되었고, 이것이 텐진이 원주민이 관리하는 자치체 보건국을 갖춘(1902) 중국 최초의 도시가 된 이유이다.[53]

인구 1,900만 명 | 2010년 | 의 중국 최대 도시 상하이는 글로벌 초거대도시로서의 위상을 설명하는 데 관심이 있는 현대 학자들과 역사가들 모두에게 특별한 관심을 끌고 있다. 상하이의 자치체 행정, 경찰, 거리문화에 관한 역사 연구는 상하이가 새로운 문화양식의 온상지라는 명성을 반영한다. 이 시기의 다른 많은 도시와 마찬가지로 상하이의 도시 엘리트들은 풍부한 금융 및 상업 문화에 힘입어 자신들만의 정체성을 발전시켰고, 자치체 공무원 조직체의 규제를 받으면서도 수많은 방문객에게 전통적이고 근대적인 매력의 절충적 혼합을 제공했다. 여기에는 외국영화, 개방된 공중화장실, 댄스홀, 재즈 음악과 같은 서양의 명물名物과 신상품이 포함되었으며, 이는 오래전에 확립된 문화적 전통과 함께 작동하거나 이를 재구성한 버전으로 전통 건축, 경극, 향토문학과 영화 문화 등에서 작동했다.[54] 이 사례는 중국과 서양의 도시사, 특히 도시 근대화, 자치체 정치, 물질문화 및 일상생활에 관한 주제의 융합을 보여 주며, 근대성과 중국의 사회적·문화적 전통 사이의 긴장과 모순을 반영한다.

도시사는 20세기 내내 이 분야가 발전하고 더 조직됨에 따라 개념적·방법론적·지리적 측면에서 많은 '전환'을 겪어 왔다. 현재 도시사는 1950년대에 수행된 도시사에 비교하여 지리적으로 더 풍부하고, 주제적·이론적으로 더 밀도 높으며, 더 다양한 학문과 접근법으로 도시의 과거를 설명하고 있다. 이에 따라 연구자들은 도시사 연구를 전파할 더 다양한 매체를 갖게 되었다. 여기에는 전자출판, 멀티미디어 출판(《도시사》와 같은 잘 알려진 매체를 통한), 《H-Urban》과 같은 편집된 전자 토론 목록, 개인 블로그 및 트위터와 같은 소셜미디어는 물론이고, 점점 더 늘어나는 도시사, 계획 및 건축사, 사회경제사, 환경사, 역사지리학 분야의 국내·국제 학술회의가 포함된다.

그러나 다른 면에서 현재의 도시사는 20세기 초중반에 수행된 도시사와 유사하다. 결정적으로, 이 분야는 도시화의 역사 및 타운과 도시의 맥락화된 역사를 총체적으로 기록하는 데 전념하고 있다. 또한, 도시사 분야는 도시 활동가, 언론인, 정책입안자들과 기꺼이 연구로써 소통하려는 외향적인 실천가들로 가득 차 있다. 도시사는 현재의 도시 상황에 대한 역사적 설명을 계속 찾고 있다. 여기에는 글로벌 상황뿐 아니라 성장과 쇠퇴라는 지역적 상황에 대한 설명이 모두 포함된다. 이는 이 분야의 실천가들이 학제 간 융합이 더 비옥하고 독창적인 연구를 위한 잠재적 영향력을 넓힌다는 사실을 인식하고, 인문학과 사회과학의 교차점에 편안하게 자리 잡고 있기 때문이다.

2장

도시, 공간, 정체성

런던과 뉴욕의 주택시장에서는 고소득층을 위한 고급 아파트 단지를 건설하면서 계획허가를 받고자 빈곤층 거주민(한부모가정, 노인, 저소득 소수민족 포함)용 주택을 결합하는 경향이 확산하고 있다. 하지만 이 시도는 부유층과 빈곤층 간의 사회통합을 유도하기는커녕 오히려 정반대의 결과를 낳았다. 아파트 단지에는 "두 사회계층이 만날 필요가 없다"는 이유로 분리된 출입구에 창고, 쓰레기처리 시설은 물론이고, 심지어 우편물 배달 공간까지 나뉘어 설치되었다. 빈곤층용 주택으로 가려면 어두운 골목길에 난 '빈민의 문'을 통과해야 하는 반면에, 부유층 주민은 직원이 상주하는 호텔식 로비 구역으로 출입한다.[1]

이러한 사례는 내부 도시의 거주지 분리가 어떻게 미시적 규모로까지, 이 경우에는 같은 아파트 단지까지 확장되는지를 보여 준다. 물론 이것이 새로운 것은 아니다. 1824년 큰 화재가 발생하기 이전 에든버러 구시가지의 연립주택이나 빈의 아파트 단지, 멕시코시티의 다세대 아파트 베신다드Vecindad 등 여러 사례에서 소득과 지위에 따른 분리는 가족이 어느 층에 거주하는지를 결정했다. 북미 학계에서 보여 주는 바와 같이, 민족과 인종을 근거로 한 오랜 분리도 존재해 왔다. 하지만 앞의 사례는 한 사회집단의 공간 선택이 다른 집단의 공간 선택과 어떻게 불가분의 관계에 있으며, 그들의 정체성이 자신이 살고 싶은 곳에 관한 결정을 내리는 능력에 어떻게 뿌리를 두고 있는지를 보여 준다. 주택에 관한 결정은 결코 진공상태에서 이루어지지 않으며, 정체성 역시 마찬가지다. 사회적 정체성은 공간 내에서 구성되고 규정되며, 그 공간의 설계와 사용에 따라 작동한다. 여기에는 부동산개발업자, 금융가, 정부, 집주인, 거주민 자신의 행동이 포함된다.

사실 이 사례는 거대한 빙산의 일각에 불과하다. 도시의 형태에 관한 역사학 연구는 적어도 1960년대부터 공간과 정체성의 관계, 특히 공간적으로 분리된 도시의 형성에 지속적인 관심을 보였다.[2] 이는 전통적으로 영어권 도시 역사학 연구에서 그러했는데, 더 광범위하게 확장되기도 했다. 이 장에서 살펴보겠지만, 도시사학자들은 도시 내 주요 공간이 (여기서는 교외와 슬럼 형태의 고소득 및 저소득 사회집단의 주거 공간에 초점을 맞추어) 사회적 정체성의 구성 및 절충과 병행하여 형성되는 방식을 조사해 왔으며, 이어서 정체성과 공간에 대한 이해가 시간에 따라 변화하는 과정을 추적해 왔다. 사이먼 건Simon Gunn은 "공간은 사회적 정체성을 구성하는 능동적 요소"라고 설득력 있게 표현했다. 사회적 정체성은 역사적으로 공간 재구성을 통해 형성되기 때문에 "장소의 경계, 소유권, 의미를 둘러싼 갈등 속에서 빈번하게 형성된다"는 것이다.[3] 따라서 도시 자체는 역사적 변화에 능동적으로 참여하고 있다.

전통적으로 서양의 역사학 연구에서는 계급을 가장 주된 사회적 정체성으로 검토해 왔지만, 더 최근의 문화적 전환은 덜 전통적인 형태의 정체성과 공간의 관계, 특히 젠더, 섹슈얼리티, 인종, 민족에 엄청난 관심을 불러일으켰다. 특히 북미 학계는 이민과 사회적 유동성의 역사에 대한 '민족-문화적' 접근 방식으로의 초점 이동을 강력하게 반영한다.[4] 인류학과 지리학의 이론적 연구를 바탕으로 도시사학자들은 이제 도시와 공간이 사회적·물리적 환경만큼이나 '마음의 경관'이라는 데 폭넓게 동의한다. 반면에 다양한 집단의 주거 선택이 도시 자본주의 사회에 뿌리내린 태생적인 사회적·경제적 불평등을 반영한다는 잘 확립된 합의도 여전하다. 과거 식민 사회 도시들에 관한 연구는 브로드윈 피셔Brodwyn Fischer가 개발도상국에서 부유층과 빈곤층 간의 사회적 격차를 나타내기 위해 '불안정한 영속성 insecure permanence'이라고 부른 감각을 형성하는 데 민족적·젠더적·계급적 정체성이 어떻게 복잡하게 상호작용하는지를 밝혀냈다.[5]

앞으로 살펴보겠지만, 사회-공간적 분리를 다룬 가장 가치 있는 연구들은 서로 다른 타운과 도시에서 또는 같은 장소에서 시간적 경계를 넘나드는 정체성의 형성을 탐구하는 데 비교의 틀을 활용했다. 혹은 도시 생활의 물질적·문화적 경험을 이중적으로 강조함으로써 복수의 정체성이 같은 장소에서 교차하는 방식을 조사했다.

계급, 공간, 교외의 이상

도시사학자들은 1960년대부터 18~19세기의 도시 산업화 시대를 중심으로 주거, 이동성, 상호작용 양상을 살펴 사회-공간적 분리의 증가 속도와 강도를 검토했다. 도시 자체만큼이나 오래된 교외는 고유한 문집, 정기간행물 특별호, 비평 논문 등을 통해서 '교외 연구'라는 하위 분야를 낳을 정도로 방대하고 지속적인 관심을 끌어 왔다.[6] 교외화의 역사를 정의한 연구로는 캠버웰(남런던)에 대한 H. J. 다이오스의 연구와 보스턴(매사추세츠)에 대한 샘 배스 워너 주니어의 연구를 꼽을 수 있다. 두 연구 모두 19세기의 경제적·사회적·기술적 변화가 교외 형태의 표준적 도시개발 유형을 탄생시켰다고 결론내렸는데, 다이오스는 교외를 "특정 경제적·사회적 연결로 도시와 분리할 수 없는 도시의 분산된 부분"으로 정의했다.[7]

이제 우리는 다이오스의 정의가 제한적임을 안다. 특히 교외에 대한 문화적 인식을 간과하기 때문이지만, 교외와 모도시 간의 상호

연결성에 대한 그의 강조는 이전 장에서 설명한 도시사의 '맥락 포함' 모델에 부합한다. 게다가 두 연구는 모두 도시의 미래에 대한 논쟁이 한창이던 1960년대 초에 발표되었기 때문에, 다이오스 컬렉션의 서신에서 드러나듯 두 사람 모두 각자의 사례를 가지고서 과거 경험에서 배우는 것이 "현재의 요구에 대한 필요성"으로서 갖는 가치를 옹호하며 실천적 도시계획에 찬성하는 주장을 펼쳤다.[8]

비록 두 사람 모두 공간 개발이 교외화에 필수적이라고 인식했더라도, 그들은 분리의 지리적 양상이 계급적 관점에서만 사회를 반영한다고 보는 경향이 있었다. 워너의 연구는 교외화가 중산층만의 현상이라는 전제하에 이루어졌는데, 이 전제에 따르면 부유한 가정만이 교외 주택의 독점성을 누릴 수 있고 노동계급은 직장과 가까운 중심 지역에 머물 수밖에 없었다. 그는 1900년에 이르러 보스턴이 직장과 저소득층이 거주하는 내부 도시와 중산층과 고소득층이 거주하는 외곽 도시로 '분열된 도시'가 되었다고 썼다.

한편, 다이오스는 빅토리아 시대 캠버웰의 변화하는 사회경제적 구성을 드러내며, 19세기 중반부터 '교외 슬럼' 지역의 개발과 성장을 '공간 메우기', 재임대 및 과밀화 과정으로 도표화했다. 따라서 비좁은 주택, 하층민 주민(그는 한 거리에 거주하는 '씨족적 아일랜드인'을 예로 들었다), 유해 산업(예를 들어 접착제와 리놀륨 공장)으로 인한 '검은 반점들'이 세기 중반까지 캠버웰 일부 지역에 나타나 이 지역에 "악취와 사회 둘 다에서 진정한 슬럼을" 제공했다. 이후 이 지역은 철도가 들어오고 육교가 건설되면서 물리적으로 봉쇄되었고, 이는 슬럼과 같은 상황을 더욱 악화시켰다.[9]

두 연구는 모두 1970년대와 1980년대에 발표된 근대 도시의 형태에 관한 후속 연구에 큰 영향을 미쳤다. 그러나 새로운 세대의 학자들은 교외화 시기에 대해 상반된 결론에 도달했다. 영국에서 데이비드 워드David Ward는 19세기 후반까지 가장 부유한 계층을 제외한 모든 계층에서 주거분리가 상당히 미미했다고 주장했으나, 데이비드 캐나딘David Cannadine은 급속한 인구 증가, 토지 소유, 뚜렷한 문화적 가치를 지닌 중산층의 출현이 세기 중반까지 명확한 주거분리를 초래했다고 주장했다. 이러한 차이는 주로 사례 연구의 선택에서 비롯되었다.

빠르게 성장하는 산업 타운 버밍엄과 맨체스터에서는 1840년대까지 부유층은 점점 더 주변부에, 남겨진 가난한 사람들은 중심부에 모여 사는 사회-공간적 주거분리 양상이 명확했지만, 촐리, 엑서터, 링컨 같은 소규모 타운에서는 그 반대 현상이 나타났다. 워드는 이러한 타운들이 사회학자 기드온 소버그의 전산업도시 모델과 유사점을 공유한다고 지적했는데, 이 모델에서는 지주, 귀족, 시민 지도자로 구성된 귀족적 엘리트들이 중심부에 대규모 부동산을 소유한 채 거주하고 빈곤층은 주변부의 밀집된 지역에 모여 산다. 그 사이에서 대다수는 사회-경제적 지위보다는 민족, 가족, 직업 결합에 기반한 지역에 거주하는 경향이 있다. 그러나 소버그를 비판하는 이들은 '전산업' 모델의 특정한 문제점에도 불구하고, 이 모델이 "일련의 변화가 각각 다음 변화를 일으키고 훨씬 더 긴 기간에 걸쳐 확산하는" 도시 발전모델을 저평가하여 '전산업', '원산업', '산업' 시대를 인위적으로 구분하고 있다고 주장한다. 피터 버크Peter Burke에 따르면 더 경험적으로 미묘한 차이를 지닌 관점이 필요하며, 바로 이것이 워드가 그의 중요한 글에서 목표로 삼은 것이다.[10]

반면에 케네스 잭슨Kenneth Jackson은 19세기 후반과 20세기 전반 대중교통의 출현이 도시의 공간 배치를 근본적으로 변화시켜, 특히 북미에서 계급과 소득에 따른 새로운 분리의 시대를 열었다고 주장한다. 거대도시 지역이 원심력 방식으로 점점 더 외곽으로 확장되면서 변두리 주변의 값싼 땅은 고소득 교외 지역으로 개발되었고, 주민들은 철로/전차(처음에는 말이 끄는 방식, 그다음에는 증기, 1890년대부터는 전기)을 이용해 일하기 위해 도시로 이동했고, 대도시들에서는 철도, 나중에는 자동차를 이용했다. 잭슨은 미국 중산층이 교외로 이주하기로 한 결정을 설명하면서 교통수단 이용 가능성의 중요성을 언급하며, 막대한 국가보조금과 저렴한 담보대출의 도움으로 (특히 1934년 「전국주택법」 이후) 교외 주택의 꿈이 "거의 모든 백인 중산층 가정"의 사회경제적 현실이 되었다고 설명한다. 잭슨은 자신의 주장을 뒷받침하기 위해 어니스트 버지스의 도시개발 모델에 크게 의존하며, 낮은 밀도와 넓은 부지 크기, 목장형 주택 문화로 북미 교외를 도시 세계의 어떤 것과도 차별화하는 20세기 '자동차 교외'의 성장을 설명한다. 이는 주들 간 고속도로 체계, 모텔, 주유소, 드라이브인 영화관, 쇼핑센터 등 고유한 용어를 지닌 새로운 '드라이브인 문화'의 출현과 결합했다.[11]

버지스가 주장한 대중교통과 교외화 사이의 연관성은 적어도 조지아 시대 | 1714년부터 1830년 혹은 1837년까지 영국 하노버 왕가 조지 1세, 2세, 3세, 4세와 윌리엄 4세의 통치 시기 | 부터 매력적인 중산층 주택을 위한 새로운 지역이 개발된 영국의 사례에 적용해 보면 약해지는데, 여기에는 글래스고의 블라이스우드 단지, 리즈의 파크 단지와 리틀우드하우스 단지, 에든버러의 뉴타운 등이 포함된다. 이러한 초기 도보 교외의 대부분은 남서풍을 타고 날아오는 오염된 연기의 유해 영향에서 벗어나 기존 건조물 지역의 서쪽 지역에 지어졌다. 그러나 상당히 중심적인 위치 때문에 이러한 원교외는 1720년대와 1730년대 산업화와 도시화가 가속화되면서 하위 중산층과 노동계급의 개발로 빠르게 둘러싸였다. 이는 차례로 매연, 높은 인구밀도, 매력적이지 않은 주택이라는 고유한 문제들을 수반했고, 중산층의 이주를 다시 압박했다.[12]

이렇게 데이비드 캐나딘이 1820년부터 1870년까지 '배타적인 중산층 교외의 황금기'라고 부르는 시대가 시작되었다. 이 시대에 리즈의 헤딩리와 채플타운처럼 도심에서 몇 마일 떨어진 인근 마을들과 미개발지가 식민지화된 반면, 버밍엄 남서쪽 에지바스턴의 캘도프 가문이나 카디프의 뷰트 가문처럼 토지를 소유한 가문들이 주도하여 배타적인 중산층 동네가 개발되기도 했다. 이들 교외는 개인 소유 말이 끄는 교통수단으로 중심지와 연결되었으며, 버지스 모델 지지자들이 말하는 대중교통 시대 이전부터 존재했다. 사실 대중교통수단의 등장은 1870~1914년에 하위 중산층과 노동계급이 등장하면서 이들 동네가 점점 세분화한 현상을 설명하는 데 도움이 되며, 이로 인해 캐나딘은 대중교통이 중산층 교외의 배타성을 강화하기보다 오히려 위협했다고 결론지었다.[13]

잭슨은 북미가 교외화의 비옥한 번식지가 될 수 있었던 것은 국민문화가 도시 생활에 대한 일반적인 혐오에 기반했기 때문이라고 주장한다. 이러한 두려움은 남부에 살던 아프리카계 미국인들의 이주를 포함한 19세기 동안의 전례 없는 대규모의 지속적인 인구 증가로 더욱 악화했으며, 이는 백인들의 교외 이주를 장려했고 향상된 서비스의 제공을 수반했다. 북미 교외의 꿈을 설명하는 데는 특히 1인당 부의 증가, 저렴한 토지 및 교통수단의 존재, 투기적 개발을 위한 주 보조금, 저렴한 경골輕骨구조 주택의 광범위한 채택 등 경제적 요인도 중요하나, 잭슨은 북미의 사회-공간적 분리가 계급에 기반한

인종과 민족 정체성의 상호작용에 크게 좌우되었다고 주장한다.[14]

그런데 교외라는 이상은 북미에서만 예외적으로 존재한 것이 아니다. 그레임 데이비슨Graeme Davison은 그것의 깊은 뿌리를 건국자들이 적극적으로 장려했고 주로 영국에서 새로 도착한 이민자들이 그 열망을 표현했던 호주의 식민지 경험 속에서 추적한다. 호주의 교외는 여러 면에서 영국의 거대도시에서 발전한 것과 유사했다. 그곳은 부유층이 도시의 소란스러움에서 벗어나 전원적인 생활양식을 즐길 수 있는 '배타적인 부르주아 거주 구역'을 제공했다. 호주가 영국과 다른 점은, "이상의 빠른 확산과 식민지 사회가 그 이상을 달성하도록 제시했던 낮은 장벽"이었다. 시드니, 호바트, 퍼스, 멜버른, 애들레이드는 모두 몇 년 사이에 저밀도 저층 교외 도시로 건립되었고, 결과적으로 영국이나 심지어 중서부를 제외한 북미 도시들보다 인구밀도가 낮았다. 당시 호주의 교외는 영국의 마을이나 지방 타운을 떠나서 자조와 협동이라는 존경할 만한 노동계급 전통과 혼합된 영국식 중산층 생활양식을 열망하던 많은 노동계급 이민자들에게 긴 여정에서의 마지막 단계를 표상했다.[15]

데이비슨의 결론에서 알 수 있듯이, 교외는 결코 배타적인 중산층 가정문화만을 활용하지 않았다. 비교 및 종단적 접근은 중산층 사회와 교외 사이에 본질적인 연관성이 있다는 신화를 반박하며, 백인 노동계급 교외, 이민자 교외, 다민족 교외, 계획된 교외와 계획되지 않은 교외까지 매우 다양한 교외 형태가 존재한다는 것을 규명했다. 리처드 로튼Richard Lawton, 리처드 데니스Richard Dennis, 콜린 풀리Colin Pooley는 19세기 중반 리버풀에서 사회경제적 끈, 가족, 인종 또는 이주민 지위에 따라 분리된 사회의 더 복잡한 공간 조직을 그려 내고자 공개된 인구조사 통계표를 사용했다. 높은 수준의 도시 내 이주는 시간이 지남에 따라 거주지 분리와 사회적 정체성 형성의 복잡성이 변화하고 있음을 더욱 잘 보여 준다. 번성했던 원산업 교외는 코번트리와 같은 중세 잉글랜드 도시 곳곳에서 그 흔적을 찾아볼 수 있다. 라틴아메리카의 수도 계획에 관한 최근 연구에 따르면, 오스만 시기의 파리부터 영국의 정원도시, 북미의 도시 미화에 이르는 다양한 영향이 현지화된 전통과 혼합해 부에노스아이레스에서 코스타리카의 산호세에 이르는 도시들에서 다양한 경관을 생성했다. 제2차 세계대전 이후 파리, 베를린, 밀라노, 스톡홀름과 같은 유럽의 도시들은 파리 외곽 방리유banlieues처럼 저소득층 세입자를 수용하기 위해 고층 고밀도 교외를 수용했는데, 부유층은 역사적인 도심 주변에 계속해 거주했고 종종 고층 아파트에서도 살았다. 영국에서도 전쟁 사이 시기에 교외 주택단지의 확산을 경험했고, 제2차 세계대전 이후에는 노동계급을 수용할 시영 주택단지가 대량으로 건설되었다.[16]

리처드 해리스Richard Harris와 로버트 루이스Robert Lewis는 훌륭한 연구를 통해 20세기 전반 북미와 캐나다 교외의 구성과 기능에서 놀라운 수준의 '분리된 다양성'을 제시한다. 이들은 다양한 사회경제적 기반을 가진 도시(몬트리올, 토론토, 시카고, 로스앤젤레스)에서 고용과 주거 양상의 분산화를 추적하여 '산업적 교외화'가 사무실, 상점, 공장 이전과 노동자·이민자의 광범위한 주변부 교외화를 포함하는 사회적으로 다양한 교외를 만들었다고 결론지었다. "확실히 사회계급의 측면에서 도시와 교외 사이에 일반적인 대비를 만들 수는 없다." 그리고 동시대 사람들도 이 사실을 알고 있었다. 필라델피아의 체스트넛힐이나 몬트리올의 뉴타운과 같이 오래되고 부유한 집단주거지가 내부 도시에 존속했고, 시카고의 니어노스에는 부자와 가난한 사람들이 나란히 살고 있었다. 교외에도 유사한 다양성이 존재했는데, 1940년까지 시카고에는 인구 1만 명 이상의 교외가 23개나 있었다. 이 중 아홉 곳은 임대료가 거대도시권 평균보다 낮았고, 여덟 곳만이 특권적인 임대료 수익을 누리고 있었다. 해리스는 토론토에서 1920년대 초에 인구가 수만 명에 달하던 블루칼라 교외가 가족 수입을 보충하기 위해 하숙을 치는 경우가 흔했던 핵가족 단독주택을 중심으로 어떻게 발전했는지 보여 주었다. 교외의 민족 및 인종 구성에도 유사한 복잡성이 존재했다. 1920년까지 필라델피아나 디트로이트 같은 도시에는 백인 이민자들이 거주하는 저소득층의 산업적 교외가 많았고, 흑인 교외 거주자들은 보조적 가사공간

을 활용해 하숙인을 들이거나 세탁 서비스를 제공하여 추가 수입을 창출했다.[17]

젠더적 공간으로서 교외

지금까지 인용한 대부분의 연구는 교외로 이주한 가족에게는 거의 관심을 기울이지 않았다. 특히 여성은 초기 연구에서 배제되었는데, 1970년대와 1980년대라는 비교적 최근에 들어서야 여성사가 발전한 것을 고려할 때 놀라운 일은 아니다. 이후 여성사와 젠더사가 융합되면서 도시사에 그 흔적을 남겼다. 또한, 중산층·백인·이성애자로서의 남성성에 대한 헤게모니적 이해를 반영하기 위해 남성이 사적 영역과 공적 영역에서 도시 공간을 구성하고 관리하는 방식에 특히 주목하게 되면서 도시 남성성의 역사에 관심이 증가하고 있다. 이에 대한 폭넓은 문헌은 이후 남성성과 여성성의 젠더 이데올로기가 도시화 및 교외화 과정과 어떻게 불가분의 관계에 있는지 추적하는 데 영향을 미쳤지만, 더 많은 연구가 필요한 게 분명하다.[18]

영미 역사학자들이 젠더 질서를 공적 영역(남성 우위)과 가정적 (여성과 남성) 공간 및 역할로 구분하는 것이 중산층 이데올로기의 통합적 요소라는 것에 오랫동안 동의해 왔다는 점을 고려하면, 남성성과 여성성의 관계는 교외 가정 공간을 형성하는 데 중요한 역할을 한 것이 분명하다. 캐서린 홀Catherine Hall과 레오노레 다비도프Leonore Davidoff는 18세기 말과 19세기 초에 가정성과 분리된 영역의 이데올로기로 특징지어지는 잉글랜드의 지방 도시 중산층 문화를 구성하는 데 젠더가 어떻게 형성적인 역할을 했는지 보여 준다. 중산층 여성은 가족을 위해 존중받고 품위 있는 생활을 유지하는 것을 가정 내 역할로 하는 도덕성의 담지자로 여겨졌고, 남성은 직업과 정치의 공적 세계에 참여하기 위해 이러한 도덕적 제한에서 벗어나 있었다.[19]

교외의 이러한 이상적 사생활과 가정성은 기독교 복음주의의 영향을 받은 남성적 정신으로 발전했다. 남성은 집을 설계하고 건축했으며, 전통적인 성역할을 재확인하기 위해 내부 공간 분할을 계획하기도 했다. 주부는 (여성 하인과 함께) 부엌 및 육아 시설과 관련되었고, 남편의 가정 내 역할은 가정 설비(예를 들어 배관), 정원, 닫힌 문 뒤의 공간(휴게실, 서재, 정원 창고) 관리로 제한되었다. 교외의 남성 건설업자들은 가족과 가정의 신성함이 어머니와 자녀를 도시 생활의 위험으로부터 보호하는 그들만의 여성화된 가정성을 옹호했다. 이는 중산층 여성을 대상으로 한 정기간행물과 안내 책자를 통한 행동 규범의 확산으로 강화되었다.[20]

이 지속적인 젠더 이데올로기는 이후 20세기 전환기에 근대적 계획의 출현을 둘러싼 논쟁에 영향을 미쳤다. 여성들이 도시에 대한 더 큰 경제적·정치적 권리를 위해 공개적으로 캠페인을 벌이는 동안 계획 집단들 내부에서 이에 반대하는 목소리는 거의 들리지 않았다. 그 이유는 대체로 "남성 전문가들이 19세기의 암울한 환경 시대에 대한 진보적 대응자였기" 때문이다. 패트릭 게데스Patrick Geddes, 레이먼드 언윈Raymond Unwin, 호레이스 맥팔랜드J. Horace McFarland와 같은 계획자들은 분리된 영역의 이데올로기 안에서 편안하게 일했는데, 정원도시와 도시미화운동의 원칙을 고수함으로써 건축 환경에 대한 그들의 개입은 "가정과 직장의 분리를, 공간의 질서를 통해 여성이 무엇보다도 남성과 분리된 세상에서 아내와 어머니의 역할을 다할 수 있게 하는 가정성의 이상을 강화했다." 1940년대 후반까지 전후 재건에 가장 영향력 있는 선전가들은 연이은 전쟁에서 여성이 경제와 사회에 중요한 공헌을 했음에도 불구하고 젠더 정체성에 대한 구시대적인 이해를 계속 옹호했다.[21]

젠더 고정관념은 20세기에도 중산층 거주지역뿐만 아니라 공간의 건설과 리모델링에 계속 영향을 미쳤다. 제2차 세계대전 후 귀환한 군인들과 그 가족들을 수용하기 위해 설계된 뉴욕주의 베드타운 레빗타운은 이를 잘 보여 준다. 잭슨은 베이비붐 세대가 자기 집을 소유하도록 장려한 건설업자 레빗과 그 아들의 시각에서 이야기를 들려준다. 맨해튼에서 동쪽으로 25마일 떨어진 곳에 위치한 레빗타운은 미국 역사상 가장 큰 민간 주택 프로젝트로, 건설업자들은 속도와 효율성에 초점을 맞춰 1만 7,400채의 대량생산된 긴급주택을 미리 절단한 목재와 못을 사용하여 콘크리트 슬래브 위에 지었다. 각각의 '박스형 집'은 단순한 계획에 따라 건축적으로 균일했다. 집 뒤편에는 뒷마당이 내려다보이는 거실이 위치했고 두 개의 침실이 있었으며, 앞쪽에는 부엌이 있어서 어머니가 식사를 준비하고 빨래를 하는 동안 부엌 창문으로 아이들이 노는 모습을 지켜볼 수 있었다. 그러므로 레빗타운은 단순히 건축비를 절약하기 위해서가 아니라 가정성, 프라이버시, 순응성 등 가족 역학에 대한 전형적인 젠더 이해에 따라 지어졌다.[22]

더 최근에 바버라 켈리Barbara Kelly는 레빗타운을 건설업자와 정부 관리들이 노동계급 공동체에 중산층의 가치를 부여하려고 했던 시도로 보는 대신에, 거주민들이 교외 가정 생활양식의 기대에 부합하는 개별화된 주택 공동체를 만들기 위해서 적극적으로 자신들의 고유한 환경을 재구성했다고 주장한다. 그들은 미완성된 다락방을 새로운 침실로 개조하고 내부 공간을 재분할하여 식당, 휴게실, 창고, '별채'를 만들며 이러한 작업을 수행했다. 켈리는 레빗타운의 '사회적 형태'를 찾고자 이러한 물리적 변화를 가족의 생활주기에 따라 추적했는데, 새로운 아기의 탄생, 청소년기, 조부모의 고령화 같은 사건들은 집의 공간 배치에 변화를 요구했다. 당시 레빗타운의 주택 소유주는 주택시장에서 '공동 생산자'였으며, 이는 여성도 지역 환경을 재구성하고 주택을 집으로 바꾸는 데 중요한 역할을 했다는 것을 의미했다.[23]

20세기 말과 21세기 초에도 특히 서양 도시 곳곳에서 편부모, 혼혈, 레즈비언이나 게이 가족이 증가하면서 남성 생계 부양자 핵가족에 대한 도전이 목격되었다. 이는 내부 도시뿐만 아니라 교외에도 적용 가능하며, 그 공간에 대한 우리의 이해에 더 많은 의문을 제기한다. 따라서 베로니카 스트롱보그Veronica Strong-Boag 등은 이러한 비전통적 교외 거주자들이 "'가족'이라는 지배적 담론에서 소외되는 경향이 있기에 교외 공간을 색다르게 경험하고 특별한 고립과 어려움을 겪을 수 있다"라고 주장한다.[24] 그러나 이 모든 것에도 불구하고 우리는 교외에 사는 동성애자들의 경험에 대해 거의 알지 못하는데, 특히 역사적으로 이성애가 교외의 규범적 성애였기 때문에 교외 거주자 게이와 레즈비언은 불가피하게 이성애자로 '인식'되어야만 했기 때문이다. 오히려 역사학자들은 샌프란시스코의 카스트로, 뉴욕의 그리니치빌리지, 시드니의 달링허스트 같은 서양의 주요 내부 도시 지역의 '게이 영토'를 지도화하려는 경향이 있는데, 이는 이들 지역이 더 눈에 잘 띄고 고유한 문화적 전통을 가지고 있기 때문이다(5장 참조).[25]

최근 몇 년 동안 사회학자들은 시드니 서부의 사우스웨스턴지역

게이·레즈비언 협회(SWAGLS) 같은 단체를 통해 연결된 교외 게이 공동체의 형성과 교외 게이와 도심 게이의 정체성을 구별하는 일상적인 관계를 추적해 왔다. 20세기 말 시드니 서부와 관련하여 스티븐 호지Stephen Hodge가 주장한 것처럼, 교외의 게이 가정은 이성애자와 공동체 사이에 다리를 놓을 수 있는 장소가 되어 '다른' 사회집단에 대한 더 나은 이해를 촉진하고, 단순화된 게이(내부 도시)와 '비게이'(교외) 공간을 유지하기보다는 계급·민족·가족에 의해 성적 정체성이 흐릿해지는 장소가 되었다. 이 경우, 시드니 서부는 문화 공간으로서 이성애자의 마음속에서만큼이나 동성애자의 정체성과 상상 속에서 존재하며, 교외의 게이 정체성은 사생활, 공간, 가정성에 대한 개인적 추구로 표현되는 강력한 교외의 이상을 기반으로 한다.[26]

'슬럼' 만들기 속
빈곤, 민족, 젠더

도시 역사학 연구에서 가장 일반적으로 탐구되는 사회집단은 '도시 빈민'이었다. '빈민poor'이라는 명칭은 전통적으로 빈곤의 척도로 여겨져 왔지만, 많은 연구는 이 사회적 범주를 구성하는 개인들이 복수임을 강조해 왔다. 이들은 방앗간과 공장의 노동자부터 임시 노동자, 행상인, 노점상과 보따리 상인, 시장 판매인, 가사 노동자와 아동 노동자까지 다양하다. 이들은 노동의 비공식성과 비정규성, 노동권의 역사적 결여, 노동시장 내에서의 높은 이직률, 저임금, 열악한 사회적 이동 기회로 연결되어 있다. 대다수는 일자리를 찾으러 도시로 이주한 농촌 출신 이민자였다. 이들은 불규칙한 고용 양상 때문에 도시에 영구적으로 정착하기보다는 농촌의 인맥을 유지하는 경우가 많았으며, 이는 잠비아의 구리 매장 지역 광부들에 대한 제임스 퍼거슨James Ferguson의 연구에서 알 수 있듯이 도시사회에 동화되는 데 어려움을 초래했다. 더욱이 난디니 굽투Nandini Gooptu가 보여 준 바와 같이, '도시빈민'은 그 자체가 '존경받는' 사람들의 도덕적·사회적 안녕을 위협하는 "제멋대로이고 변덕스러운 대중"을 이해하기 위해서 엘리트가 고안한 구성체다. 이 '부랑자' 담론은 19세기와 20세기에 걸쳐 봄베이, 런던, 루사카, 파리까지 다양한 도시에서 언론인, 사회개혁가, 정치인 등 교육받은 다양한 행위자들의 저술과 공적 연설에서 추적되었다.[27]

공간은 '도시빈민'의 정체성 형성에 필수적 요소인데, 특히 도시-산업자본주의가 만들어 낸 시간과 노동규율 문화 속에서 노동계급의 일, 가정, 여가 사이의 역사적인 관계성 때문이다. 시간과 공간은 제조업 도시에서 노동계급의 정체성 형성과 긴밀하게 연결되어 있었다. 근무일은 작업장에서 신중하게 측정되고 확인되는 시간에 묶여 있었고, 노동자는 작업에 지각하면 징계를 받았다. 시계는 공장, 시청, 학교, 교회의 외관을 지배하며 노동자들에게 시간 규율의 중요성을 상기시켰다. 시간, 공간, 정체성 사이의 관계는 당시 '도시 빈민'에게 특히나 중요했는데, 일상생활에 대한 그들의 통제력 부족 측면에서 그리고 그들을 작업장 내에서 얼마나 많이 통제해야 하는지에 대한 엘리트의 인식 측면에서 그러했다.[28]

이러한 통제 수준은 작업장 밖에서 빈민의 제한적 거주지 선택으로까지 확대되었다. 비싼 임대료 지출이 불가능한 빈민은 역사적으로 통근 비용과 시간을 줄이기 위해 가능한 한 일자리와 가까운, 언제나 과밀한 상태인 낮은 기준의 임대주택으로 내몰렸다. 특히 개발도상국 도시에서 점점 더 많은 사람들이 공식적인 법적 경계 밖의 외곽으로 강제 이주하고 있으며, 하수, 깨끗한 물, 전기와 같은 기본적인 자치체 서비스에 접근하지 못한다. 역사적으로 알려진 '슬럼'의 발견 이후 슬럼 거주민의 주거와 문화를 묘사·분석·비난하고 '개혁'하는 데 사용되는 획일적인 접근 방식과 경멸적인 언어가 생성되었다. 다이오스 이후의 도시사학자들은 신문 기록, 보건당국의 보고서, 자치체의 법적 기록물, 이보다 적게는 도시빈민 자체 기록 등 다양한 1차 사료에 집중하여 슬럼에 물리적 형태를 부여하고 이를 도시 자본주의의 더 넓은 체계에 배치했다. 경험적 연구는 슬럼과 교외가 '실제' 장소로서 이 자본주의 착취 체계에서 역사적으로 어떻게 연결되었는지를 보여 준다. 무엇보다도 다이오스, 리더, 로저는 중산층 '슬럼 집주인'이 가난한 세입자로부터 벌어들인 수익으로 교외 주택에 자금을 조달하는 경우가 많다고 주장했다.[29]

더 최근에, 수정주의 문헌은 슬럼 내부의 조건에서 벗어나 대중 담론에서 슬럼의 표상을 연구하는 쪽으로 초점을 옮겼다. 가장 의미심장한 것으로, 빅토리아 시대 후기의 버밍엄, 뉴욕, 시드니 슬럼 문학의 표상을 비교 설명한 앨런 메인Alan Mayne은 '도시빈민'의 슬럼 상태에 대한 기록을 읽을 때 "장소보다는 고도로 양식화된 세트, 사람보다는 일차원적인 유형, 자발적인 사회적 교류보다는 준비된 각본"이 제시된다고 주장한다. 슬럼은 가난한 도시 주민들이 선택할 수 있는 제한적 삶을 대중적으로 반영하는 것만큼이나 언론의 상상력과 지자체 당국의 편견이 만들어 낸 문화적 인공물이자 구성물이다. 이러한 관점은 정치적 의미를 지닌 '슬럼' 용어들인 윈즈wynds, 루커리rookeries, 비동빌bidonvilles, 게토ghettos, 콜로니아스 포풀라레스colonias populares, 바리아다스barriadas, 캄파멘토campamentos, 무세크스musseques, 파벨라favelas 등이 공포, 혐오, 수치, 향수와 공동체의 축성이라는 다양한 감정으로 물들어 있는 각각의 나라에서 어떻게 다른 역사적·언어적·문화적 의미를 띠는지를 명확하게 드러낸다. 이것들을 연결하는 것은 "복잡한 공간 형태와 사회적 조건을 쉽게 이해할 수 있는 궁핍과 사회적 병리의 이미지"로 압축하기 위해 이 말들

이 "부르주아적 상상력" 속에서 구성되었다는 폭넓은 이해이다.[30]

슬럼은 또한 도시빈민의 삶과 빠르게 성장하는 도시사회에 적응하기 위해 그들이 벌인 일상적인 투쟁의 산물이다. 이는 특히 주택의 수준, 슬럼 거주자들에게 주어진 가능한 선택들, 슬럼 지구의 문화적이고 정치적인 의미 사이의 중요한 차이점을 보여 주는 비교 연구에서 강조되었다. 예를 들어, 리우데자네이루와 상파울루의 코르티코cortiço(작은 방으로 분할된 커다란 주택)와 파벨라(자율적으로 자체 건설된 동네) 사이의 차이가 그러하다. 외부적 요인과 사회정치적 위기도 중요하다. 탈식민화 이후 콩고와 앙골라에서 수년간 계속된 파괴적인 내전이 낡거나 관련 없는 계획 법령과 결합해 수십만 명의 사람들은 수도인 브라자빌 | 콩고 | 과 루안다 | 앙골라 | 의 더럽고 과밀한 판자촌으로 이주할 수밖에 없었다.[31]

1920년대부터 1940년대 사이 상하이 판자촌의 다양한 슬럼 주거 유형에 관한 매혹적인 연구에서 루한차오盧漢超가 보여 준 것처럼, 슬럼 내에도 사회적 유동성의 그늘이 존재한다. 루는 시간의 흐름에 따라 상하이의 여러 슬럼을 비교함으로써 당시의 광범위한 사회경제적·정치적 맥락이 주택 건축 기준과 특정 건물유형에 부여된 지위에 어떻게 주요 영향을 미쳤는지 보여 준다. 따라서 쑤저우허蘇州河 | 쑤저우강 | 를 따라 야오슈이룽藥水弄 정착촌에 세워진 초기 펑후蓬戶 초가집은 허술한 구조와 황토 바닥에도 불구하고 적어도 주민들

에게는 중일전쟁(1937~1945) 당시 광아롱蕃瓜弄에 세워진 긴급 '쓰레기 더미' 판잣집이나 내전(1946~1949) 당시 생겨난 자오자방肇嘉浜 슬럼에 세워진 물 위의 다락방水上閣楼보다 한 단계 더 높은 수준이었다. 무력분쟁은 농촌 경제의 전반적인 악화와 결합되어 농촌 이주민을 도시로 유입시켰고, 기존 공간을 변형시켰으며 오래된 공간의 새로운 용도를 찾아냈고, 비가 오는 날에는 소위 '물 위의 다락방'이 '물 속의 다락방'이 되어 가장 연약하고 취약한 집단을 심각한 건강위험이 있는 이동형 거주 공간으로 내몰았다.[32]

우리는 이미 집중적인 재개발, 인구 과밀, 편의시설 부족 등으로 인해 교외가 어떻게 슬럼과 같은 부동산으로 개발될 수 있는지를 보았다. 일부 교외는 파리와 빈의 경우처럼 부유한 엘리트가 선호하는 도심의 역사적인 중심지에서 벗어나 도시빈민을 수용하기 위해 개발되었고, 그곳의 주민들은 도심에 거주하는 문명화된 집단들에게 '타자'라는 용어로 지칭되었다.[33] 다른 슬럼들은, 1960년대 멕시코시티의 '불도저 시장'으로 유명한 에르네스토 우루추르투Ernesto P. Uruchurtu가 저지른 것처럼, 새로 도착한 이주민들이 거주하던 저소득층 주택의 내부 도시 지구를 시의회가 무자비하게 불도저로 파괴해 도시빈민이 도시 변두리의 변칙적이고 비공식적이며 심지어 불법적인 정착지로 내몰리면서 생겨났다. 20세기 후반 개발도상국 도시에서 대규모 슬럼 철거는 스포츠 대회나 고위급 인사 방문과 같은 주목할 만한 국제행사와 맞물려 이루어졌다. 마이크 데이비스Mike Davis는 매력적인 저서 《슬럼의 행성》에서 1974년부터 1976년까지 연이어 약 16만 명의 도시빈민을 그들의 예전 집에서 약 30킬로미터 이상 떨어진 곳으로 이주하게 만든 마닐라를 그 한 사례로 언급했는데, 미스 유니버스 대회(1974), 제럴드 포드 미국 대통령 방문(1975), IMF-세계은행 회의(1976)를 위한 행진용 도로를 만들기 위해서였다. 더 잔인하게도, 1988년 올림픽을 위해 서울-인천에서 72만 명이 이주해야 했으며, 최근 보고서에 따르면 2000년부터 2008년까지 올림픽 관련 재개발사업으로 임시적인 이주민 세입자들이 거주하던 '도시 속 마을城中村' 일부가 철거된 것에 더하여 약 150만 명의 베이징 주민(영속적인 도시인구의 약 14퍼센트)이 쫓겨났다.[34]

슬럼 주택 철거와 그에 따라 내쫓긴 이들의 이주는 항상 정치적 논란을 일으켰고, 그래서 빈민이 살아가는 방식에 대한 엘리트주의적 편견을 수반했다. 주택수요는 변함없이 항상 공급을 초과했는데, 도시 내 이주가 많은 시기에 특히 그러했다. 예를 들어 파리는 19세기 후반에 극심한 주택 부족에 직면했는데, 이는 서쪽의 내부 구들에서 높은 임대료를 지출하며 넓은 아파트에 거주하던 부유한 엘리트와 매우 과밀한 동쪽과 외곽 구들에 거주하던 시골 출신의 가난한 이민자 사이에 계층별 공간 분리의 증가를 이끌었다. 해롤드 플랫Harold Platt에 따르면, 사회공간적 분리는 1789년 혁명 이후 프랑

스 법에 명시된 파리 시민의 개인적 자유와 사유재산의 특권에서 비롯된 것이었다.[35]

게다가 세계 전역의 슬럼 철거 프로그램은 언제나 철거되는 주택 수와 내쫓긴 이들을 위해 새로 지어지는 주택 수 사이에 불균형을 초래했다. 도시빈민은 기존의 과밀 지구로 이주하거나 개발도상국에서 흔히 볼 수 있는 것처럼 일자리와 시민 편의시설에서 멀리 떨어진 공터에 집을 지어야 하는 경우가 많았다. 1850년대와 1860년대 조르주외젠 오스만 남작의 파리 도심 재개발은 약 35만 명의 주민을 내쫓고 도시 교외 필지의 불법적인 분할, 날림공사, 숙박 시설로 구성된 판자촌 건설로 정점을 찍었다.

20세기 초 시카고와 디트로이트에서도 비슷한 사례가 있었는데, 백인 주민들이 남부에서 온 아프리카계 미국인 이민자들을 배제함으로써 불평등한 이중 인종적 경관을 조성하기 위해 물권법物權法 | 소유권 중심의 재산법 | 을 활용했다. 이후 시의회와 부동산개발업자들은 흑인 이주민들을 도시의 고밀도 지역으로 강제 이주시키기 위해 일련의 제한적인 규약과 퇴거명령을 발동했으며, 백인 '슬럼 소유주'는 일부 경우에 골판지 벽을 사용해 아파트를 세분화하고 임대료를 인위적으로 인상해 주거 조건을 악화시켰다. 동시에 그들은 기본적인 위생 서비스도 제공하지 못했다. 1917년 디트로이트의 이스트사이드 게토 지구 연구에 따르면, 25퍼센트의 집에 외부 화장실이 있

었던 반면, 더 많은 집에는 침실이나 부엌에 칸막이가 없이 내부 화장실이 있었다. 따라서 백인 중산층과 노동계급 주민들은 "재산의 신성함과 결합한 인종차별과 부패의 정치 문화"를 통해 자신들의 사회적 정체성을 재구성했고, 이는 흑인 이주민들의 뒤이은 게토 지구 '밀집'을 거치며 공간적으로 강화되었다.[36]

식민지 아프리카의 도시들 또한 민족 및 계급 분리의 대상이 되었으며, 이는 새로운 사회적 정체성 형성은 물론이고 서양의 인종주의를 반영하는 데도 결정적인 역할을 했다. 시에라리온의 프리타운 고지대 교외인 힐스테이션 같은 새로운 도시 구역이나 포르투갈령 동아프리카(모잠비크)의 수도인 로렌수마르케스(현재 마푸투)처럼 타운 전체를 재개발하는 계획은 질병과 혼혈에 대한 두려움을 이유로 백인 전용 거주지를 조성했다. 토착 흑인 인구는 백인 거주자들의 거부로 도시 외곽으로 쫓겨났다. 비비안 빅포드스미스Vivian Bickford-Smith가 밝힌 것처럼, '인종 분리' 이데올로기는 19세기 마지막 3분기 동안 케이프 지역의 광산혁명이 가져온 경제적·사회적 변화 과정에 있었던 케이프타운에서 시작되었다. 케이프타운 사회는 전례 없는 산업화·도시화·이민의 시기에 피부색과 소득에 따른 분리를 포함하는 혁명적 변화를 겪었다. 이것은 신흥 백인 부르주아와 영국인 정체성을 형성하게 했고, 이를 지지하는 사람들은 계급뿐만 아니라 민족과 인종을 기준으로 자신을 정의했으며, 이를 통해 자신들의 고유한 기준에 반대되는 빈민과 비백인 인구를 정의했다. 이는 케이프타운 언론과 시의회 내에서 '인종차별적 담론'을 낳았다. 특히 다양한 비백인 집단을 '흑인 케이프타운인'으로 분류하면서 그러했는데, 이들은 이후 급성장하는 도시의 많은 사회적 병폐의 희생양이 되었다. '흑인 케이프타운인'은 백인 전용 거주지역에서 배제되었을 뿐만 아니라 특정 레스토랑과 호텔에도 출입할 수 없었고, 1879년 개장한 도시 최초의 개인 소유 롤러스케이트장은 모든 흑인을 배제하는 방침을 적용했다.[37]

　인도 도시에 관한 역사적 탐구는 주택 개혁과 도시빈민의 생활 현실 사이에 인종과 계급에 따른 불일치가 있음을 보여 준다. 예를 들어, 1890년대에 발발한 림프절 페스트 전염병은 인도 식민 당국이 봄베이의 빈민을 위한 주택공급에 개입하도록 만들었다. 당국은 1898년에 도시개선신탁을 설립함으로써 비위생적인 주택을 통해 빈곤, 민족, 카스트, 질병 사이의 공간적 연결을 확립했다. 유사한 사례가 캘커타에도 존재했다. 이전의 전염병 공포로 1911년에 개선신탁이 설립되고, 1919년 이후 몇 년 동안 과밀하고 비위생적인 주택의 '전염병 발생 지점'을 제거하기 위해 신탁을 설립한 유나이티드주 | 현재 인도 우타르프라데시주 | 대도시들도 마찬가지였다. 모든 경우에 도시의 부동산 엘리트 출신인 신탁 관리인들은 주택 개혁을 노동계급의 도덕성을 증진하고 자신들의 고유한 자비심을 보여 줄 기회

로 여겼다. 편견은 또한 '빈곤층'이나 '열등한 계층', '하층민'과 같은 대중적이고 경멸적인 동의어를 통해 언어적으로 구성되었고, 이는 일반 빈민과 존중할 만한 산업노동자를 구분하지 못했다. 이는 재산을 소유한 계급이 전통적인 공동체 생활 형태를 보존하면서 빈민을 사회화할 수 있다는 가정 하에 빈민의 종교적·사회적 활동과 생활 방식을 대상으로 한 일련의 계급 및 카스트 주도 정책으로 절정에 달했다.[38]

이러한 '문명화 사명'은 정체성과 공간 사이의 연계를 강화했는데, 특히 토지 가치 상승과 그에 따른 도시 공간에 대한 경쟁 때문에 제안된 재주택 프로젝트가 기존 중산층 지역의 조화와 배타성을 위협했을 때 더욱 그러했다. 예를 들어, 양차 세계대전 사이에 칸푸르의 식민지 공무원 단지에 접한 공터에는 자체적으로 지은 판잣집이 등장했다. 부동산 소유자들이 그들의 방갈로와 인접한 땅을 도시빈민이 공중화장실로 사용하고 있다고 불만을 제기하자 신탁이 개입하여 판잣집을 철거했다. 도시 부동산 엘리트들은 재산 가치 하락과 질병 확산 가능성에 대한 도덕적 불안을 우려해 그들이 소유한 지역 근처에 빈민을 위한 공동주택 건설을 철저히 막았다. 이러한 행동은 인종적 타락과 계급에 대한 두려움과 도시빈민에 대한 원초적 혐오로 형성되었다.[39]

사회공간적 분리는 당시에 투자수익을 극대화하려는 부동산개발업자들에게도 동일하게 추진되었다. 인도의 개선신탁들은 전반적으로 쫓겨난 빈민에게 주택용 토지를 제공하는 것을 꺼렸는데, 일정한 수입이 없는 빈민보다는 중산층의 주거 수요를 충족시키는 것을 선호했기 때문이다. 심지어 양차 세계대전 사이에 칸푸르의 아하타(노동인구를 위해 지어진 벽으로 둘러싸인 단지에 있는 작은 주택단지) 경우처럼 도시 외곽의 신탁 소유 토지에 저소득층 단지가 제공되었을 때에도, 신탁 관리자들이 주택 건설업자와 소유주들을 대상으로 건축규제나 임대료 통제 등을 하지 않아서 주택단지가 다시 빠르게 슬럼으로 전락했다. 20세기 리우데자네이루에서도 건설업자들의 재정적 이해관계와 충돌하는 자치체의 건축 및 위생 규정이 실행되지 않았다. 저소득 지역에 상수도나 공중화장실과 같은 위생 서비스가 제공되는 경우엔 임대료가 원래 거주해야 할 사람들이 감당할 수 없을 정도로 상승하는 경우가 많아서 빈민들은 비공식 주택시장으로 밀려났고 분리는 더욱 공고해졌다. 이는 "빈민의 주거 조건을 악화시키는 데에만 기여"했으며, 난디니 굽투의 결론처럼 "타운을 부유층이나 중산층이 사는 지역과 빈민이 사는 지역으로 공간적으로 점점 더 분리시켰다."[40]

인프라 서비스 제공과 화장실 이용을 포함한 사람들의 일상 활동 역시 사회적 정체성의 절충과 그 공간적 근거를 반영했다. 현대의 부유층은 집에 개인 화장실이 설치되어 혜택을 누리고 있으나 역

사적으로 가난한 동네에는 공공 및 개인 화장실이 부족하여 모든 주민, 특히 여성들에게 큰 도전 과제를 안겨 주었고, 이는 부동산개발업자, 상수도 공급업체, 자치체와 같은 힘 있는 집단에 대한 여성들의 영향력이 약하다는 점을 반영한다. 나이로비의 키베라 슬럼(아프리카에서 가장 큰 도시 슬럼)에 있는 라이니 사바 지구에는 1998년에 주민 4만 명이 사용할 수 있는 재래식 화장실이 단 열 곳에 불과했고, 같은 도시의 마타레 4A 슬럼에는 약 2만 8천 명이 이용할 수 있는 공중화장실이 인색하게도 두 개밖에 없었다. 주민들은 배설물을 처리하기 위해 '날아다니는 화장실' | 비닐봉지에 배설물을 담아 멀리 날려 보내는 것 | 에 의존할 수밖에 없었다. 따라서 슬럼을 더럽고 병든 공간으로 보는 역사적 인식은 주로 부유한 집단이 영속시키는 사회경제적·기술적·문화적 불평등으로 형성되었다.[41]

아프리카 도시들만이 빈민을 위한 공공 편의시설 제공이 수준 이하인 것은 아니다. 인도의 도시들도 계속해서 심각한 화장실 시설 부족에 직면해 있다. 한 연구에 따르면, 인도 전역의 1,500만 도시 가구가 기본적인 위생 시설에 대한 접근이 어려워 야외 배변을 하는 것으로 추정된다. 여기에는 중대한 젠더 문제가 존재한다. 여성들은 인접한 들판이나 황무지에서 볼일을 해결하려고 밤이 될 때까지 기다려야 하고, 이것이 그녀들의 신변에 위험을 초래하기 때문이다. 워터에이드 WaterAid | 물과 위생에 중점을 둔 국제 비정부기구 | 가 2011

년 실시한 연구에 따르면, 델리와 보팔의 슬럼에 사는 여성들은 열 살 미만의 소녀들이 "공중화장실을 이용하러 가는 길에 강간당하는" 사건들을 보고했다. 인터뷰에 참여한 여성의 20퍼센트 이상이 배변을 위해 1킬로미터 이상을 걸어간다고 답했다. 많은 여성이 야외로 나가지 않으려고 낮에 음식이나 음료를 섭취하지 않아 소화불량, 복통, 식욕부진 및 이와 관련된 건강위험에 시달리고 있다.[42]

이러한 사례에서 알 수 있듯이 슬럼의 맥락에서 젠더화된 공간 구조는 오랫동안 역사적 관심을 끌었다. 앨런 메인은 빅토리아 시대 말 슬럼 관광객들이 슬럼 이야기의 주요 주인공 중 한 명으로 '여성'을 내세웠다고 지적한다. 즉결심판 법정 소식을 전한 언론보도는 곧잘 '단정치 못한 슬럼 여성'과 중산층의 '훌륭한 주부'를 대조했는데, 전자는 슬럼 자체와 그곳 주민들의 열악한 삶의 선택에 대한 우화였고, 후자는 부르주아 생활 방식의 미덕을 시각화했다.[43] 최근에는 여성 활동가들이 브라질의 파벨라 같은 슬럼에서 개선된 주택과 인프라 서비스 제공을 요구하는 데 긍정적인 역할을 하는 것으로 나타났다. 브로드윈 피셔는 1930년대부터 1960년대까지 리우데자네이루에 자체적으로 만들어진 파벨라의 성장이 광범위한 농촌에서 도시로의 이주, 저임금 노동력(중산층 가정에서 요리사, 가정부, 보모로 일하는 여성 노동자가 상당 비율을 차지), 저렴한 주택 부족, 특히 여성을 중심으로 한 시민권 요구의 증가를 포함하는 여러 요인이 결합된 결과임을 보여 주었다. 이는 수도의 언덕에 100만 명 이상의 주민이 거주하는 거대한 불법 도시의 성장에 기여했고, 주민들은 끊임없이 퇴거와 주택 철거 위협에 직면했다. 파벨라를 철거하러 도착할 때마다 불도저가 마주한 첫 번째 방어선은 통상 여성과 어린이였다. 여성들은 1960년대에 가족 모두가 새로운 주택 프로젝트로 재이주했을 때 집이 너무 작고, 멀고, 비싸다는 이유로 불평했고, "가족과 공동체 네트워크가 해체되는 것에 분개"했다.[44]

여성들은 또한 파벨라에서 집을 유지하는 데 어려움을 겪었고, 기껏해야 고르지 못한 공공서비스에 맞서 싸워야 했다. 전기 및 기타 서비스의 도둑 사용은 널리 용인되었다. 여성들은 서비스 접근권을 얻고자 지역 범죄 조직과 협력하여 비공식적이고 종종 불법적인 권력과 영향력을 행사하는 네트워크에 참여해야 했다. 파벨라의 대중적 정치 문화에서 권리의 언어는 나중에야 발전했고, 이 언어는 모후morro | 포루투갈어로 언덕, 구릉 | 의 가파르고 진흙투성이인 길을 무거운 물항아리를 지고 오르는 여성에 대한 젠더적 고정관념에 의지했다. 피셔가 지적했듯, 물항아리를 나르는 "등골 빠지는 일은 세탁부가 일할 수 없는 상황부터 아이들의 학교교육 부족, 장황한 건강 문제에 이르기까지 모든 것의 원인으로 비난받았다."[45]

우리는 다양한 사회적 정체성의 형성과 절충이 전 세계 타운과 도시의 공간적 변화에 어떻게 불가분하게 뿌리를 내리고 있는지를 보았다. 사회공간적 분리와 거주지 배제는 도시화 과정 자체에 내재해 있으며, 물질적·언어적 형태를 모두 취하고 있었다. 분리는 불평등한 부동산시장에 대한 사람들의 접근성, 도시 인구의 생활 방식에 대한 엘리트들의 인식, 그리고 이러한 인식이 이후 자치체의 정책에 어떻게 반영되는지를 통해 생성되고 고착되었다. 슬럼과 교외는 어떻게 정의하든 사회적·경제적·정치적·문화적 불평등과 자원 의존성의 산물이며, 비교 연구에서 충분히 입증되었듯이 서로 뗄 수 없는 관계에 있다.

계급, 지위, 소득이 계속해서 도시사학자들의 관심을 끌고 있지만, 특히 젠더, 섹슈얼리티, 인종, 민족의 관점에서 공간 분리에 대한 대안적 해석을 모색하는 문헌이 증가하고 있다. 이는 이 장에서 크게 다루지 않은 도시의 다른 부분에, 특히 거리와 도심 연구에 더 주요한 영향을 미쳤는데, 우리는 필연적으로 이후 장에서 사회공간적 분리라는 주제로 돌아갈 것이다. 그러나 엘리트의 표상에 계속 초점을 맞추기보다는 이러한 공동체 주민들이 각자의 정체성을 정의하고 표현하는 방식을 더 탐구해야 할 시급한 필요성이 남아 있다. 우리는 정체성이 외부의 힘과 행위자에 의해 어떻게 형성되는지를 연구하는 기존의 접근 방식과 함께, 개인이 어떻게 정체성을 형성하고 이를 공간에 뿌리내리게 하는지에 대해 더 많이 알 필요가 있다. 특히 일하는 여성, 게이와 레즈비언, 젊은이와 노인 등 대안

집단이 자신의 고유한 정체성을 표현하기 위해 주거 공간에서 어떤 방식으로 행동했는지, 혹은 주변 환경의 이념적·물질적 제약에 따라 어떻게 정체성을 형성했는지 더 깊이 탐구할 필요가 있다.

3장

도시 통치하기

인구 군집의 합리적 확장을 예측하는 것은, 열린 공간과 충분한 공기를 제공하고, 그것의 유지를 가능하게 하고, 모든 종류의 전염병으로부터 보호해 주고, 교통수단을 제공하고, 깨끗한 물을 공급하고, 쓰레기를 제거하고, 주택을 개선하고, 최상의 조명 형태를 선택하고, 음식과 우유를 검사하고 ⋯ 유아를 보호하고, 학교를 현대화하고 ⋯ 위생과 사회적 서비스를 제공하고, 감염성 질환을 퇴치하고, 병원과 쉼터, 보육원을 개선하는 것이다.[1]

리옹의 오랜 시장(1905~1957년 재임)이었던 에두아르 에리오Edouard Herriot의 이 말은 20세기 전환기에 도시환경을 관리하고 도시 주민의 삶을 개선하는 데 지방정부의 역할이 얼마나 중요했는지를 보여준다. 인용문은 1900년까지 시의회가 제공할 책임이 있었던 다양한 서비스의 범위를 드러낸다. 치안, 소방, 가로등과 같은 공공안전 서비스부터 거리 청소, 위생, 의료와 같은 공중보건 서비스, 여기에 다양한 교육 서비스까지 포함된다. 이는 자치체와 자치체 외부의 행위자들이 참여하고, 17세기부터 그리고 몇몇 경우에는 그 이전부터 시작된 공공서비스 제공의 길고 점진적인 역사의 정점이었다. 그렇더라도 윌리엄 코헨Wiliam Cohen은 프랑스 지방 도시들의 도시 정부에 대한 탁월한 비교 연구에서 시간과 장소에 따른 지역 서비스 제공의 상당한 다종성과 다양성을 묘사한다. 에리오의 언급은 공공서비스를 지역적으로 조직하고 제공할 때 지방자치권의 중요성을 강조함으로써 대혁명 이후 프랑스 정치 생활의 중앙집권적 특성에 대한 우리의 가정에 도전한다.

에리오의 언급은 더 나아가 도시 정부의 확대와 통합에서 시장, 선출직 시의원, 도시 관리자와 공무원, 노동자 등 사람들이 얼마나 중요한지를 드러낸다. 감독, 개선 및 규제와 증가하는 자치체 예산의 결합은 산업화 과정의 도시들이 효율적이고 경제적인 서비스 제공을 책임지는 특화된 전문성과 자격을 갖춘 공무원들로 대규모의 직업 관료제를 확립하는 것을 의미했다. 20세기 말에 이르러서는 도시 업무 관리가 엄청난 작업이 되어서 많은 서양 도시가 사업을 감독할 최고경영자들을 고용하기 시작했다. 그러나 시장(스코틀랜드의 프로보스트, 독일의 부르고마스터)은 계속해서 도시의 역사적·동시대적 위상을 상징했으며, 특히 세계 주요 거대도시의 시장들 가운데 일부는 "국가원수에 가까운" 권력을 누렸다. 1977년 뉴욕 시장이 된 에드 코흐Ed Koch는 연간 100억 달러가 넘는 예산(당시 세계에서 11번째로 큰 정부예산)을 관리했고, 2만 2천 명의 경찰을 책임졌으며, 병원, 복지 및 학교, 소방, 위생, 교통, 공공주택, 2만 5천 에이커가 넘는 공원과 놀이터에 대한 직간접적인 책무를 맡았다.[2]

도시 정부와 거버넌스에 관한 문헌은 전통적으로 도시 엘리트를 연구의 핵심 초점으로 삼았고, 이를 지방정부의 제도적 역사 내에 그리고 도시와 국가의 더 넓은 사회적·경제적·문화적 맥락 속에 위치시켰다. 경험적 연구는 도시 정부의 실천이 지방정부 그 자체보다 훨씬 더 광범위한 집단과 활동을 어떻게 포괄했는지 밝혀냈다. 자발적 결사체, 토지신탁, 종교 단체와 노동조합도 도시환경을 통치하는 데 핵심 역할을 했다. 물질적 기술과 실천도 마찬가지다. 이 장에서는 도시 정부에 관한 세 가지 중첩된 역사학 연구의 흐름을 소개하면서 통치성(정부의 기술과 물질성)에 관한 최근 문헌이 초기 세대의 학문에서 활용했던 방법과 접근 방식을 더 잘 통합해야만 한다고 주장할 것이다.

도시 정부와 엘리트의 사회적 구성

저는 오늘날 실제로 충분히 유능한 사람들이 지방정부에 참여하는 데 관심이 있다고 생각하지 않습니다. 사업, 산업, 농업 및 전문직에 종사하는 사람들이 충분히 참여하지 않고 있다고 생각합니다. … 지방정부에 참여하거나 관심이 있는 사람들 대다수는 … 지방정부의 역량이 전반적으로 그 책임에 걸맞지 않다는 것에 동의합니다.[3]

영국 정부의 주택·지방자치부 사무차관 에블린 샤프Evelyn Sharp가 1960년 자치체 협회 연례 회의에서 대표들에게 한 이 비판은 시대에 따라 변화하는 타운과 도시의 통치 방식에 관심을 가진 정치학자, 사회학자, 도시사학자 등 다양한 학자들의 관심을 끌었다. 1966년 도시사그룹(UHG)의 국제 원탁회의에서 논의된 주요 주제는 도시 지방정부의 사회적 구성에 관한 것이었다. 이 회의에 참가했던 헤녹E. P. Hennock은 19세기 리즈와 버밍엄의 시의회 구성에 대해서 발표했다.

그의 기념비적인 연구인《적합하고 적절한 사람: 도시 정부의 이상과 현실Fit and Proper Persons: Ideal and Reality in Urban Government》에서 헤녹은 지방정부의 수준 하락에 대한 동시대적 우려를 해결하기 위해 비교 차원을 넘어서 연구를 확장했다. 그는 1914년 이후 유급 공무원의 증가(고용주보다는 직업에 대한 충성심과 점점 더 전문화된 어휘력을 지닌)가 선출직 지역 대표자들의 자질 하락에 대한 동시대적 우려를 설명하는 데 중요한 역할을 했다고 언급했다. 이에 더하여, 공공서비스의 중앙집중화가 확대되고 국가 차원의 서비스 제공, 검사 및 인증에 대한 최소 기준이 부과되면서, 마찬가지로 일반 세금으로 지원되는 대규모 보조금이 점점 많아지면서, 재정적·법적 권력 균형이 중앙정부에 유리하게 기울고 지방자치권을 직접적으로 희생시키고 있다는 게 확인되었다.[4]

헤녹의 책은 도시사학자들에게 중요한 책으로 남아 있는데, 샤프의 관심사 중 얼마나 많은 것이 전후 지방정부의 세계에서 새로운 것이 아니었는지 보여 주기 때문이다. 헤녹은 '질'이나 '능력'을 정량화하기 어렵다는 점을 인식하고, 1835년 「지방자치단체법」 채택으로 1835년과 1838년에 각각 리즈와 버밍엄에 설립된 자치체 기관들을 구성한 선출직 엘리트들의 사회경제적 구성을 탐구했다. 이 법은 1833년에 제정된 스코틀랜드의 「도시관리법」과 함께 영국 전역의 도시 정부 구조와 조직에 변화를 예고했고, 자치체 생활에 청렴성과 책임성을 도입했으며, 현지 엘리트들에게 공직을 하나의 매력적인 전망으로 만들었다. 18세기와 19세기 초에 공직과 지역 서비스가 장기간에 걸쳐 단편적으로 개선되었다는 점을 들어 이 법이 자치체 정부를 얼마나 혁신했는지에 의문을 제기하는 역사학자들조차도 1835년보다 1914년에 타운과 도시가 더 잘 통치되었고, 나아가 일반적으로 시의원의 더 나은 역량에 의해 통치되었다는 사실을 인정한다.[5]

헤녹은 혁신적이고 체계적인 방법론을 바탕으로, 1835년부터

1914년 사이 자치체 기관들이 해당 타운의 경제적·사회적 생활에서 가장 저명한 사람들의 서비스를 활용했는지를 판단하기 위해 신문, 인구조사 기록, 사업체 안내 책자, 클럽과 협회의 연례보고서, 사업 및 종교 기록물, 자치체 회의록, 정당의 지부 기록 등 광범위한 출판 및 미출간 자료를 활용하여 시의회 선출직 의원들의 구성적 프로필을 구축했다. 이를 통해 헤녹은 직업적 데이터를 근거로 엘리트 집단을 정의하고, 사업체 소유권과 고용 인력 규모, 활용 자본을 가지고 그들의 이해관계와 영향력을 파악했다. 그가 시의원들의 사업적 배경에 초점을 맞춘 이유는, 1914년 이전에는 잉글랜드 시의회가 "사업에 탁월한 재능을 가진" 사람들이 운영해야 한다는 견해에서 비롯된 것으로, 특히 "무언가를 성취하려면 재정에 관해 모험적으로 생각할 수 있어야 했다"는 점에서 그러했다. 헤녹의 데이터는 12개의 표본에서 추출한 것으로, 8개는 인구조사 연도 다음 해 1월을 기준으로 10년 간격으로, 나머지 4개는 20년 간격인 1836년, 1856년, 1876년, 1896년 1월을 기준으로 수집되었다. 당연하게도 이 책의 부록에 수록된 '방법론 노트'는 그의 표본화 기법, 데이터 연결, 비교 접근 방식에 큰 영향을 받은 (나를 포함한) 박사과정 학생들이 이후에 잘 활용했다.[6]

이 체계적인 연구를 통해 기대했던 바대로, 헤녹은 해당 시기 두 타운의 상당히 다양한 관심사를 발견했다. 두 타운 모두 이 시기에 선출된 대표자의 자질에 따라 성쇠를 경험했다. 샤프의 비판은 1960년과 마찬가지로 19세기 다른 시기 다른 타운에도 적용 가능했으며 그 반대도 마찬가지였다. 버밍엄 시의회는 1862년까지 평범한 의원들로 어려움을 겪었는데, 그 이후 나사 제조업자 조셉 체임벌린Joseph Chamberlain과 네틀폴드J. S. Nettlefold, 경매인 사무엘 에드워즈Samuel Edwards처럼 자치체 업무에 적극적으로 참여한 대규모 사업가 및 전문가가 발휘하는 영향력의 혜택을 누렸다. 이후 30년 동안 버밍엄은 '시민의 복음'이라는 기치 아래 공공서비스 제공의 혁신으로 명성을 얻었다. 도시가 지분을 매입해 가스, 수도, 전기, 전차를 시영 기업으로 운영한 것이 유명했고, 소방과 경찰 행정의 전문화도 선도했다.

반면에 리즈에서는 1835년부터 역동적 시기가 펼쳐졌고, 이는 타운의 주요 공중보건 개선을 약속했던 1842년 「지방개선법」 통과로 절정에 달했다. 헤녹은 이를 반개혁적인 성공회 신자들이 운영하던 과두적 기관에서 상인, 제조업체, 전문가로 구성된 개혁적 엘리트가 통제하는 새로운 자치체 기관으로 권력이 이동했기 때문이라고 설명했다. 그러나 이러한 개선은 이후 10년 동안 고비용의 개입으로 간주된 것에 맞서 지방세 납세자의 이익을 보호하기로 결정한 시의원들을 포함하는 경제적 이해관계의 유입으로 지연되었다. 실제로 리즈는 자유당과 보수당 양당이 사회개혁 추진을 합의하고 이후 20년간 이 합의가 지속된 1890년대까지 활동의 주기적인 파열과 타성으로 어려움을 겪었다. 헤녹은 이러한 새로운 참여가 사업가와 전문가의 수적 증가와 관련이 있으며, 버밍엄의 초기 사례에서 영감을 얻은 게 우연은 아니라고 주장했다.

헤녹의 연구에는 문제가 있는데, 특히 사업 규모와 공공서비스의 질 사이에 연관성이 있다는 그의 주장이 그러하다. 상점 주인이나 선술집 주인 같은 소규모 사업가의 '상점주 통치shopocracy' | 상인들의 정치적 영향력 행사를 뜻하는, 상점shop과 통치cracy가 결합된 신조어 | 가 공공서비스 개선보다 지방세 인하에 더 관심이 있다는 가정은 이후로 도전받았다. 제프리 크로식Geoffrey Crossick, 하인츠게르하르트 하우프트Heinz-Gerhard Haupt, 배리 도일Barry Doyle 등의 연구에 따르면, 프티부르주아지 | 소시민 | 는 헤녹의 주장처럼 인색하지 않았다. 사실, 그들은 19세기 내내 도심을 변화시키는 데 변함없이 중요한 역할을 했고, 상업적 사업뿐 아니라 주거용 임대 부동산의 소유자로서 중요한 지방세 납세자였다. 상점 주인들은 또한 대중 참정권 시대에 제조업자보다 더 오래 존속하면서 20세기에도 유권자들에게 인기가 많았다.[7]

헤녹의 결론은 국가나 시대 전체를 일반화하려는 것이 아니었으나, 이후 다른 타운과 도시들도 비슷한 관심을 받았다. 대부분은 구체적 구성 분석을 현명하게 활용했고, 방법론적 또는 시간적 수정을 가해 사용 가능한 모델의 복잡성과 다양성을 추가했다. 존 가라드John Garrard는 세 개의 중간 규모 산업도시(볼턴, 올드햄, 로치데일)를 비교 연구했는데, 정책 결정에 대한 동등한 권한의 척도로서 무의사 결정의 중요성을 고려했다. 리처드 트레이너Richard Trainor는 거대도시 지역으로 초점을 넓혀 웨스트미들랜즈의 블랙 컨트리에서 도시 엘리트들이 형성한 관계를 탐구했으며, 배리 도일은 노리치ㅣ런던 근교ㅣ를 연구하여 문헌의 연대기적 초점을 양차 대전 사이 시기로 확장했고 헤녹이 연구 사례에서 언급한 것보다 더 많은 시의원의 연속성을 규명했다.[8]

다른 연구자들은「지방자치단체법」이 통과되기까지 이전 한 세기를 면밀하게 조사했다. 예를 들어, 루이스 미스켈Louise Miskell은 18세기와 19세기 초에 산업가들이 어떻게 스완지로 이주하고, 그곳에서 자체적으로 선출한 엘리트에 의해 시정에서 배제되고도 어떻게 해서「지방자치단체법」통과 이후 경쟁자 축출을 위해서 그들 사이에 강력한 가족적·사회적 유대를 구축했는지를 검토했다. 또, 페넬로페 코필드와 로즈마리 스위트 둘 모두는 공공서비스와 공동체적 책임 개념이 개혁되기 이전에 어떻게 시의회의 업무와 18세기에 창설된 개선 및 경찰 위원들의 수적 증가가 이루어졌는지를 설명했다. 서비스의 질은 타운마다 달랐지만, 산업화 과정의 타운들이 직면했던 문제들은 전례가 없었고 기술 지식은 너무나도 끊임없이 발

전하고 있었기에 적절한 해결책을 찾기가 어려웠다.[9]

더 최근에는 개별 시의회 내 행정 전문성의 변화로 초점이 이동했다. 나의 연구는 (잉글랜드 자치체 기관들에서 치안 및 기타 공공안전 서비스 관리를 담당했던) 감독위원회와 같은 특정 위원회가 어떻게 다른 위원회보다 더 권위가 있었고, 결과적으로 더 우수한 엘리트들의 서비스를 유인했는지 규명했다. 헤녹은 빅토리아 시대 말에 버밍엄에서 이런 일이 있었다고 암시했지만, 1870년경부터 의사결정에 상당한 영향을 미친 선출직 의원들과 최고 행정관들 사이에 형성된 업무적 관계성에는 관심을 기울이지 않았다. 제임스 무어James Moore와 리처드 로저도 마찬가지로 특정 위원회에 부여되었던 상당한 권위를 인정하고 이들 위원회를 "위원장이 통치하는 반半자치 봉토"로 묘사했다. 당연히 많은 예산과 부서 인력을 보유한 감독, 가스 또는 수도 위원회의 위원장을 맡은 것이 공원이나 소란, 일반 목적을 담당하는 위원장을 맡는 것보다 더 큰 의미가 있었다. 20세기에는 주택 관리위원회가 자치체가 쓰는 왕관의 보석이 되었다.[10]

20세기 도시 정부에 관한 연구는 일반화의 어려움을 더욱 잘 드러낸다. 지방정부가 전반적으로 쇠퇴했다는 샤프의 주장은 전국적으로 지방정부의 질과 실천이 계속해 변화하고 있음을 고려할 때 지지하기 어렵다. 예를 들어, 닉 헤이즈Nick Hayes와 배리 도일은 노팅엄과 노리치 같은 잉글랜드 지방 도시에서 1930년대와 1940년대에 자치체들이 어떻게 소속 정당의 정치적 의무보다 도시에 충성하는 우수한 의원을 계속 끌어들였는지를 보여 주었다. 위원장 같은 주요 위원회 직책을 분배하는 등의 정당 간 합의정치 사례는 빅토리아 시대의 지방정부 '황금기'(혜녹은 그런 시기가 있었다고 주장한 적이 없지만)보다 훨씬 더 많았다.[11]

대중정치의 시대였던 20세기 유럽의 자치체들과 관련해서도 유사한 사례들이 탐구되었다. 예를 들어, 양차 대전 사이 시기 암스테르담에서는 자수성가한 장인 출신의 사회민주주의 시장 빌렘 드 블뤼흐트Wilem de Vlugt(1921~1941년 재임)와 목재산업으로 부를 축적한 제일란트주 출신 외지인 사회주의자 플로어 비바우트Floor Wibaut(1914~1931년 시의원) 같은 새로운 정치 지도자들이 전통적인 보수-자유주의 엘리트가 그때까지 독점해 왔던 자치체 권력의 통로에 진입했다. 새로운 정당과 사회적 배경으로 인해 특히 주택 및 계획 분야에서 현지에 맞는 사회복지 정책을 개발할 추진력이 생겼다. 동시에 유급 자치체 관리자들로 구성된 새로운 전문가 집단이 등장했는데, 이들은 일상적인 자치체 업무 운영과 협의체 가입으로 자치체 정부 내에서 높은 지위를 획득했다. 자신들을 새로운 도시 엘리트로 정의하려는 이들과 선출직 대표자들 사이에 다툼이 벌어지기도 했지만, 암스테르담의 구엘리트보다 번창하는 거대도시를 운영할 능력이 있거나 정치적 권위를 주장할 만큼 강력한 선출직 엘

리트들에 의해 이들의 야망은 억제되었다.[12]

행정 개혁과 전통적인 사회문화적 유대라는 이중적 압력은 메이지 시대의 일본 도시들, 오스만제국의 수도 이스탄불과 튀니스, 트리폴리와 같은 도시들, 중화민국 시대 도시들의 통치 기구에도 작용했다. 1923년부터 1935년까지 오사카 시장을 지낸 세키 하지메關一는 서양에서 영감을 받은 행정 체계를 근대화하면서 동시에 민족문화에 뿌리를 둔 사고방식을 지닌 전형적 인물이었다. 그는 근대사의 중요한 시기에 오사카 자치체를 이끌며 중앙정부에 의존하지 않고 중요한 도시 및 사회개혁을 단행했다. 이 과정에서 세키는 동네 결사체, 자발적 협회, 새로운 관리 계층의 네트워크를 활용해 자신의 연구와 서유럽 여행에서 얻은 교훈을 바탕으로 산업도시의 문제에 대한 해결책을 고안했다.[13]

지역공동체와 일상생활에 대한 오랜 제국의 유대가 느슨해지면서 권력 공백이 생겼고, 그 후 새로운 엘리트 집단이 이를 채웠다. 크리스티앙 앙리오Christian Henriot는 1927년부터 10년간 상하이 자치체의 근대화 과정에서 제국의 권위 쇠퇴와 지역 상인 엘리트의 부상 간의 관계를 추적하여, 가족과 친족, 우정이라는 전통적인 유대를 활용해 도시를 통치한 유명 가문들을 파악했다. 이 가문들은 상하이의 시민사회 전반에 걸친 인맥을 활용해 권력 기반을 강화하고, 지역 서비스 제공을 조율했다. 따라서 이들은 항구 관리, 도로 및 교량 유지, 거리 조명 및 청소, 치안 및 빈민 구호 서비스 운영 등을 담당했다. 앙리오는 헤녹과 유사한 방법을 사용하여 이 시기 상하이 자치체 운영에서 관계(꽌시關係)의 중요성을 드러냈는데, 시장은 고향 출신의 고위 공무원 고용을 선호했고, 이들은 다시 신뢰할 수 있는 가족과 친구를 찾아 관료 조직의 직원으로 채용했다. 그래서 자치체 직원들의 이직률은 비교적 높았고, 시장 및 기타 고위 공무원의 순환에 연동되어 해당 임기 이후 자치체 정책 결정의 연속성이 저해되었다. 앙리오는 이러한 상황을 지방자치(디팡쯔치地方自制)가 아닌 공무원에 의한 지방 통치(디팡꽌치地方管制)로 설명했다.[14]

이 사례들은 엘리트 집단과 행정 구조 간의 상호작용이 도시 정부의 확장에 어떤 역할을 하는지 보여 준다. 자치체 회의록에 기반한 구체적인 구성적 연구는 도시 정부의 층위를 벗겨 내고 수많은 제도적·준제도적 기구에서 엘리트 간의 개인적·직업적·정치적 관계를 밝히는 데 도움을 준다. 이는 도시 시민사회 전체에 걸쳐 도시 엘리트의 구성을 재구성하는 데 유용한 연습이다. 인류학자 클리포드 기어츠Clifford Geertz의 표현을 빌리자면, 그것은 도시사학자들이 개별 도시의 정치인, 공무원, 행정가의 신념과 편견에 대해 '두터운 설명'을 제공할 수 있게 한다. 행위자들의 개인적·집단적 생애사를 추적해야만 통치 관행에 대한 더 완전한 그림을 그려 낼 수 있다.[15] 따라서 잉글랜드 지방정부의 쇠퇴에 대한 샤프의 주장은 정치학에서 말하는 '지방정부의 세계', 곧 자선단체나 자발적 협회와 같은 비정부기구가 중앙과 지방 기관 사이의 균형이 바뀐 후에도 오랫동안 엘리트들이 번영하는 중첩되며 상호 의존적인 영역을 만들었다는 점을 간과한 것이다. 그녀는 지방정부를 가장 좁은 의미로, 즉 중앙정부의 공식적인 대리인으로 정의함으로써 다양한 기관, 사람, 자원을 간과한다. 이는 도시 정부를 도시 거버넌스라는 더 넓은 범주 안에 위치시키고, 시의회를 시민사회를 구성하는 여러 기관 중 하나로 보는 도시사 분야에서의 변화한 접근 방식을 보여 준다.

정부에서 거버넌스로

도시 거버넌스urban governance는 이름에서 알 수 있듯이 도시 정부 그 자체보다 더 광범위하다. 모리스R. J. Morris는 거버넌스를 "질서의 질서화 그리고 … 권위의 조직화 및 정당화"와 관련된 것으로 정의하는데, 이는 필연적으로 더 넓은 범위의 사회적 행위자와 이해관계에 관한 탐구의 장을 연다.[16] 예를 들어, 랄프 로스Ralf Roth는 근대 초기 프랑크푸르트의 자선가였던 요한 크리스티안 젠켄베르크Johann Christian Senckenberg를 도시에서 공식적인 정치적 직책을 맡은 적이 없는 엘리트 계층의 일원이었다고 언급한다. 정치적 직책 대신에, 그는 도시를 위한 병원과 자연과학 연구 센터를 건립하기 위한 재단을 1763년에 설립했다. 부유하고 교육받은 도시 중산층인 독일 시민/뷔르거 계층의 일원이었던 젠켄베르크는 비정치적 엘리트들이 어떻게 여전히 "도시의 정치, 경제, 문화 발전에 엄청난 영향력"을 발휘할 수 있는지를 보여 준다. 이어서 로스는 18세기와 19세기 독일의 14개 도시에서 세 엘리트 집단을 식별한다. 자치체 기관들에서 배출된 정치 지도자(정치적 지배층politische Führungsschicht), 경제 지도자와 납세자(경제적 상위 계층wirtschaftliche Oberschicht), 자선·종교 및 기타 단체에 참가해 엘리트 지위로 올라선 여론 지도자(문화적 엘리트 kulturelle Elite)가 그것이다. 이들은 종교적 배경과 정치적 성향이 다르고, 여러 기관(자선 재단, 길드, 무역위원회, 교회, 클럽과 사회단체, 지방정부)에서 활동한 이질적인 도시 엘리트였지만, 로스는 이 구성원들이 성장하는 공동체의 질서와 공공안전을 유지하려는 공통의 관심사를 가지고 있었다고 인정한다.[17]

특히 1780~1850년에 두드러진 공공안전과 사유재산 보호에 대한 이러한 관심은, 도시 부동산 계층이 사회적 공간과 인간 활동을 규제하기 위해서 자발적 사회단체 설립에 열렬한 관심을 갖게 된 계기가 되었다. 이 단체들은 도시 지방정부와는 별개의 기관이었지만, 회원들이 중복된 탓에 항상 많은 관심과 우려를 공유했다. 로스는 1830년대 프랑크푸르트에서만 3천 명 이상의 도시민, 즉 전체 도시민의 50퍼센트 이상이 30개가 넘는 다양한 단체 활동에 참여한 것을 확인했다. 리즈 중산층에 관한 선구적인 연구에서, 모리스는 산업 타운의 복잡성과 익명성에 대한 공통의 우려로 주로 중산층 회원이 결속한 자발적 단체의 수와 종류가 전례 없이 증가했다는 사실을 밝혀냈다. 여기에는 기계 연구회, 문학 및 철학회, 순회도서관, 공제회 및 금주회, 의료 자선단체, 노동조합, 브라스밴드, 원예 클럽 등이 포함되었으며, 가입자 목록에는 헤녹이 연구한 것과 같은 종류의 "적합하고 적절한 사람"의 이름들이 적혀 있었다. 그들의 중심에는 법치, 사유재산, 활발한 상업, 예술과 제조업의 발전이 지배하는 건강한 시민사회를 구축하고 유지하려는 공동의 헌신이 있었다. 이러한 단체들은 지방정부보다 더 비공식적이고 일상적인 경로를 통해 운영되는 경향이 있기에, 사회적 결속과 계층 간 협력을 촉진하는 데 더 유리하다는 가정이 있었다. 모리스의 말처럼, 시민사회는 "국민과 정부 사이, 국가의 규범적 기관과 개인의 사적 영역 사이를 중재하는 방식으로 운영될 필요가 있었다."[18]

시민사회가 제도적·제도 외적 형태와 담론의 조합이고, 국가로부터 자율적이지만 국가와 연결되어 있다는 이해는 서양 세계에만 혹은 사실상 근대에만 국한된 게 아니다. 중세에 중동 전역에서 이슬람 도시들의 우세는 막스 베버가 유럽 도시에서 확인했던 시민 자치와 도시민의 지도력 같은 형태 없이 이루어졌을 수 있다. 그러나 이슬람 도시 기반 권력의 확산과 통합은 근린 지구(마할레), 길드, 와크프 같은 도시 내외부의 비공식 권력구조와 네트워크의 도움을 받았다. 튀르키예어로 '경건한 재단' 또는 '종교적 기부금'이란 뜻의 바키프vakif로 번역되는 와크프waqf는 이슬람 역사 초기부터 도시 상업 및 복지 조직 인프라의 많은 부분을 제공하면서 도시 거버넌스에서 중요한 역할을 담당했다. 도시 서비스와 사교 모임 장소 제공, 상업 활동 활성화, 빈민 구호, 토지 임대 시장 규제 등 다양한 역할을 담당한 와크프는, 에브루 보야르Ebru Boyer에 따르면 "도시 구조의 중심 기둥"이었다. 게다가 와크프는 술탄이나 고위 관리들의 전유물이 아니라, 1783년 튀르키예 마르마라 지역의 발리케시르 시장에 대형 분수대를 세우고 그 물을 6개의 마할레에 작은 분수로 공급한 자물쇠 장인 엘하즈 후세인Elhaç Hüseyin처럼 적당한 부를 가진 사람들까지 포함했다. 후세인은 분수대의 유지 관리를 위해 두 개의 상점과 방앗간에서 얻은 수익으로 와크프를 설립했다.[19]

모리스는《도시 거버넌스: 1750년 이후 영국과 그 너머Urban Governance: Britain and Beyond since 1750》에서, 거버넌스를 "권위를 창출하고 조직하며, 자원에 대한 접근을 제공하고, 서비스를 제공하고, 정책을 생성하고 전달하는 양상과 과정"이라고 설명하면서 정치 체계가 작동하는 절차 및 이를 구성하는 기관과 관련이 있다고 말한다.[20] 그러므로 자발적 단체는 모든 유형의 도시를 통치하는 데 중요한 역할을 했다. 그 결과 이러한 기구들의 구조와 구성원은 역사적으로 도시 공동체 전반의 권력구조를 반영해 왔다. 모리스는 1813년에 도시의 거리 구걸 관행을 없애기 위해 설립된 '에든버러 걸인 억제 협회'의 사례를 언급했다. 이 협회의 회원은 도시의 정치·법률·종교 기관 회원과 상당수 겹쳤으며, 관심 있는 상인과 상점 주인들은 물론이고 여성 위원회의 지원을 받아 활동했다. 이 협회의 활동에는 해당 문제에 대한 정보를 수집하고 발표하는 것이 포함됐고, 이를 통해 시의회 정책에 영향을 미치려고 했다. 또한, 투명성을 확보하여 다른 조직들과의 관계를 구축하고 유지했다. 협회는 연례 총회, 보고서, 그리고 현지 신문에 기부자 명단 게재하기 등을 통해 공공영역에서 활동했다. 이러한 정보 흐름은 시민사회의 정당성을 확보하고 강화하는 수단이었으며, 도시의 제도적·제도 외적 거버넌스 기구 사이에 명확한 연결 고리를 제공했다. 이러한 사실은 부디앙 드 브리스Boudien de Vries, 얀 하인 푸르네Jan Hein Furnée 등의 서유럽 도시 연구, 특히 저지대 국가들 l 벨기에와 네덜란드 l 도시 연구로 강화되었다.[21]

종단적 연구들은 빠르게 성장하는 도시에서 사회적 결속력 유지에 지식의 순환뿐 아니라 공식 및 비공식 네트워크 간 상호작용이 갖는 중요성을 규명했다. 에든버러의 토지·재산·신탁 연구에서 리처드 로저는 지방정부, 법률, 지역 기업 사이에 형성된 공식적인 제도적 관계가 어떻게 여러 후원 단체를 포함하는 더 넓은 연결망으로 연결되었는지를 보여 준다. 현지 사업체와 정치 엘리트 간의 이러한 동맹은 신뢰 기반 관계에 의존하는 다원주의적 권력 개념의 산물이었다. 19세기 에든버러의 주택 건설, 슬럼 철거, 부동산개발은 오랜 기간의 신탁을 통한 재산소득 관리 및 재분배와 결합하여 재산권이라는 법적이고 제도적인 틀로 함께 연결되었으며, 신탁 중 다수는 공공서비스 제공이나 거리 개선의 조절에 기금을 사용했다. 예를 들어, 조지 헤리엇George Heriot의 신탁 관리인들은 토지 매입으로 얻은 수입으로 1659년 '호스피탈'(아버지 없는 아이들을 위한 자선 학교)을 설립했고, 1830년대부터는 도시 전역에서 빈곤층 아이들을 교육하기 위해서 무료 사립학교를 설립했다. 1886년 이 학교들이 시립학교 체계에 편입되면서 자발성과 시영 사업 간의 역사적인 연관성이 공식적으로 확립되었다.[22]

따라서 이 문헌은 개방성과 투명성이 현대 도시 거버넌스의 부상을 설명하는 데 얼마나 중요한 요소인지를 보여 준다. 앨런 디가에타노Alan DiGaetano가 18세기와 19세기 매사추세츠주 보스턴과 영국 브리스톨의 자치체 비교 연구에서 설명한 것처럼, 근대(1700년 이후) 도시 거버넌스의 성장을 정의하는 세 가지 기본 특성이 존재한다. 첫째, 공공영역과 민간 영역의 명확한 구분, 둘째, 도시 통치 기관의 직접적인 서비스 제공, 셋째, 민주적 책임성을 위한 제도적 메커니즘 형성이 그것이다. 첫 번째 특성에 대한 합의는 부족하지만, 아시아, 유럽, 북미 전역에서 공공과 민간 서비스(특히 공중보건과 공공서비스) 제공이 오랫동안 중첩되어 온 전통이 있기 때문에, 이 모델은 대륙횡단적 맥락에서 도시 거버넌스 조직의 광범위한 변화를 비교 탐구하는 데 유용한 출발점을 제공한다. 디가에타노에 따르면, 초기 근대 타운들은 이 세 가지 기준을 충분히 충족하지 못했고, 그 대신에 다양한 공공, 준공공, 민간, 자발적 기관들이 서비스를 제공했으며, 이런 기관들의 회계에 대한 대중의 감시는 거의 이루어지지 않았다. 예를 들어, 18세기 보스턴에서는 자치체 정부가 빈민 구호 및 교육 서비스를 제공했고, 치안 및 소방 서비스는 화재보험 회사를 포함한 자발적 또는 준공공 기관이 제공했으며, 하수도와 교량의 관리는 민간 기관이 담당했다.[23]

한편,「지방자치단체법」이 통과되기 전에 브리스톨 자치체는 "일반적인 권한을 가진 유일한 관리 기관이었지만, 도시의 일반 복지에 대한 책임은 종종 회피했다."[24] 자치체는 일부 인허가 및 검사 업무를 수행했으나 치안 유지나 공중보건에는 거의 지출하지 않았고, 부두 회사나 상인 벤처 협회 같은 민간 기관들이 부두를 관리하고 운송 면허를 발급했다. 게다가 점점 더 많은 수의 준공공기관들(구성원이 부분적으로는 선출직이지만 여전히 대부분을 자체 임명하는 기관)이, 예를 들어 납세자대표회와 도로포장위원회가 도로 보수, 빈민 구호, 가로등 설치 등의 기능을 수행했다. 이는 준공공기관이 상하수도와 같은 자연적 독점을 통제하기 위해 사적 이해관계와 장기간 싸움을 벌인 다른 초기 산업 타운에서도 마찬가지였다.

자치체 개혁 이후에도 민간 및 준공공기관은 계속해서 중요한 서비스를 제공했다. 브리스톨을 비롯한 여러 지역에서는 계속해서 화재보험 회사가 화재 위협에서 재산을 보호했고, 19세기 상당 기간 민간 회사들이 수도, 가스 및 기타 에너지 서비스를 제공했다. 대의적 지방 민주주의와 투명성은 단편적인 방식으로 달성되었다. 1835년 이후 모든 잉글랜드와 웨일스 자치체 기관들은 매년 회계를 공시해야 했는데, 지방세 납부자 이익 단체들은 한결같이 회계장부의 완전한 공개를 압박했다. 법인화, 제도 구축, 투명성은 필연적으로 함께 진행되었고, 19세기 마지막 4분기에 이르러서야 대다수 자치체 기관들은 그때까지 시장에 맡겨져 있던 서비스 공급 책임을 크게 확대할 수 있을 만큼 안정적인 위치에 놓이게 되었다. 1890년대와 1920년대 사이 북미의 혁신주의 경험에도 같은 결론을 적용할 수 있다. 이 시기에 시장과 내각은 부패와 정실주의에 대한 지방세 납부자의 불만을 줄이기 위해 자치체 예산을 효과적으로 세밀하게 조사하기 시작했다. 정부가 공공의 감시에 개방되고 이것이 사회개혁 분야로 확대되면서 공공 수입과 지출이 상당히 증가했고, 재정 확충을 위한 지방 재정 기반이 확대되면서 재정 건전성과 개방성의 중요

성이 더욱 강화되었다.[25]

따라서 도시 거버넌스 연구는 도시 정부의 권력구조에 접근할 수 있었던 다양한 조직을 드러내고, 상세한 종단적 비교 사례 연구의 기회를 제공한다. 그러나 이러한 접근은 특히 19세기의 마지막 4분의 1과 20세기의 첫 3분의 1 기간에 등장한 대중정당정치 시대 이전에는 재산을 소유한 소수의 엘리트에게만 국한되었다. 이는 헤녹의 결론을 강화하는바, 도시 엘리트는 도시 중산층 사회의 한 단면으로 구성되었고, 최근까지 외부인(예를 들어 노동계급과 여성)은 공적 기관에 접근하기 어려웠다는 것이다. 따라서 구성적 관점과 거버넌스 관점은 대체로 권력의 공식적인 구조 및 실천에 관심을 갖는 하향식 접근법으로 남아 있다.

거버넌스에서 통치성으로

1990년대 이후 도시 정부에 대한 세 번째 상호 연관된 관점이 등장했는데, 이는 포스트모던 관점에서 권력의 작동에 더 관심을 가진다. 이는 1장에서 설명한 언어적 전환과 그 이후 도시의 물질성에 관한 관심의 부상에 강하게 영향받았다. 복잡한 도시환경에서 발휘되는 통치 기술인 도시 통치성은 미셸 푸코Michel Foucault의 저작에 큰 영향을 받았으며, 필연적으로 도시를 통치하는 물질성, 기술 및 실천에 더 많은 관심을 기울일 것을 요구한다. 이 접근법은 권력이 지금까지 인식되었던 것보다 더 역동적이고 유동적인 힘이라는 점을 인식한다. 이는 더 넓은 범위의 사회집단에 도시사 분야를 개방하는 동시에 규율 기술과 사회적 실천을 통해 권력이 현장에서 행사되는 방식을 면밀하게 조사할 수 있게 한다.

푸코는 에세이 〈통치성에 관하여〉에서 (16세기부터 약 300년에 걸쳐) 근대국가가 등장한 과정을 추적하며, 근대국가가 어떻게 사회관계의 세 가지 차원에서 통치 기술을 담당하는 안보 기구로서 기능했는지를 살핀다. 첫째, 자기 통치술, 즉 특정 시대의 도덕적 가치를 자신에게 주입하는 기술, 둘째, 가족을 통치하고 경제적으로 운영하는 기술, 셋째, 사람들이 스스로 통치받는 것을 받아들이는 통치되는 기술이 그것이다. 이러한 자기 통치 과정은 감시와 대상화라는 두 가지 기둥으로 달성되고, 그다음으로 개인을 체계적으로 연구하고 범주화할 수 있는 주체(정상인/광인, 이성애자/동성애자, 도덕적/일탈적 등)로 변화시키는 (그리고 스스로 변화하는) '주체화'가 이루어진다. 이러한 새로운 범주는 이후 법적·의학적·행정적 담론의 결합으로 확립되고, 인쇄물과 시각 및 구전 문화를 통해 사회 전반에 퍼진다. 따라서 자기 통치는 신체와 그 주변에 국한된 권력의 실천

과 일상적인 사회적·문화적 실천으로 성취된다.[26]

이후 일부 도시사학자들은 19세기 산업도시 연구에 푸코의 틀을 채택했다. 특히 패트릭 조이스Patrick Joyce는 영국 도시에서 '권력의 눈'이 어떻게 활용되어 '자유주의적 개인'을 근대적 주체로 창조해 냈는지 탐구했다. 《자유의 지배: 자유주의와 근대 도시The Rule of Freedom: Liberalism and the Modern City》에서 조이스는 개인의 자유와 자신의 행동과 신념을 통제할 수 있는 능력을 보장하기 위해 권력을 행사할 필요성이 존재했고, 근대 도시가 이를 위한 수단을 제공했다고 주장한다. 세계에서 가장 고도로 도시화된 사회였던 영국은 '자유주의적 통치성'이라는 규율적 실천, 말하자면 개인의 자유와 통치의 필요성을 정교하게 균형 맞추는 시험장을 제공했다. 따라서 근대적 감시 국가는 1830년대부터 등장하여 통계조사, 지도 제작, 자치체 감독, 사업체 안내 책자 편찬, 신문 및 기타 형태의 인쇄 문화 보급을 통해 도시인구를 연구하고 객관화하며 분류하는 데 전념했다. 당시 영국 도시들을 황폐화시킨 심각한 공중보건 문제를 고려했을 때, 감시 국가는 도시를 병리학적 용어로 바라보는 것도 포함했다. 도시는 사회 및 환경 문제에 대처하기 위해 견고한 공학 기술을 구축하고 성가신 규정들을 만들어야 하는 유기체로 여겨졌다. 물질적인 측면에서는 수질 및 대기오염을 방지할 폐수 처리 체계나 매연 저감 기술의 제공, 도시 거리에서 인구이동을 촉진할 전차와 철도 선로 설치,

소란 및 위생 검사관, 보건 의료관 및 기타 '이해관계가 없는' 전문가의 임명이 포함되었다. 조이스는 국가와 그 대리인이 가장 합법적인(일명 비폭력적인) 방식으로 사회에 대한 통제를 극대화하고, 나아가 자기통치self-governance를 강화하기 위해 특정 도구를 사용하는 이러한 실천을 '숫자에 의한 통치'라고 명명했다. 이러한 활동 대부분은 1840~80년대에 건설되고 다양한 역사적 건축양식으로 설계되어 자유, 감독, 무엇보다도 근대성의 상징으로 여겨진 새로운 시청사를 사용하는 도시 정부를 통해 조율되었다(5장 참조). 자유민주주의는 국가가 정통성과 신뢰를 얻을 수 있는 통치 방식이었기 때문에, 국가는 개인과 가족을 멀리서도 통치할 수 있었다.[27]

마찬가지로 크리스 오터Chris Otter는《빅토리아 시대의 눈: 1800~1910년 영국의 빛과 시각의 정치사The Victorian Eye: A Political History of Light and Vision in Britain, 1800-1910》에서 푸코의 통치성 프리즘을 통해 19세기 도시 통치에 대한 포스트모던한 독해를 제시한다. 부분적으로 시각, 빛, 눈의 역사에서 오터는 기술, 환경, 정치사에 관한 관심을 융합하여 19세기 자유주의가 어떻게 통치성의 한 양식이 되었는지를 자세히 설명한다. 그는 '자유주의적 통치성'이 도시에서 눈에 띄게 시각적인 성격을 띠었으며, 더 나아가 하루 중 특정 도시 공간을 시간대별로 조명하는 것이 멀리서도 통치를 유지하는 데 중추적인 역할을 했다고 지적한다. 가스와 뒤이은 전기 가로등과 같은 근대

조명 기술은 공공장소뿐만 아니라 가정 내 사생활 공간에서도 사용되며 도시 공간의 어둠을 밝히고 '권력의 눈'을 통해 인간의 행동을 규제했다. 경찰이 야간 순찰에 사용한 '황소의 눈Bulls' Eye' 조명 사례는 잘 발산하는 빛이 변화한 도시의 사회적 환경을 얼마나 밝히고, 밤의 가장 어두운 구석까지도 밝힐 수 있는지를 보여 준다. 실제로 경찰은 법을 대표하는 기관이자 일련의 문화적 실천으로서 자유주의 국가에 '눈'을 제공하고, 지역적으로 '자유주의적 통치성'을 구현하는 데 중요한 역할을 했다. 앤디 크롤Andy Croll이 현지 언론과 결합해 수행한 웨일스 광산도시 머서티드빌 연구처럼, 빅토리아 시대 도시인구의 사회적·문화적 실천은 통치성의 실천으로 집중 조사되었으며, 이는 다시 자치체와 그곳 공무원들이 그러한 공간을 통제하는 데 (비)효율적이었음을 보여 준다. 따라서 도시사학자들에게 통치성은 도시 공간의 물질성과 이를 구성하는 기술(중공업에서 인쇄문화까지)뿐 아니라, 도시 공간을 공식적으로 통치하는 사람 및 기관과도 밀접한 관련이 있다.[28]

도시 정치권력 연구에 대한 혁신적인 접근법으로서 '자유주의적 통치성' 문헌은 자치체 권력에 통제 층위를 더해 주는 물질 기술의 작용에 중요한 질문을 제기한다. 도시 거버넌스 문헌에서 진화하면서, 이 접근법은 권위가 생성·조직·확산하는 다양한 양상과 실천을 드러낸다. 이 접근법의 가장 큰 공헌은 권력의 본질과 실천에 대한 도전적인 이론적 질문을 제기하는 것 말고도, 당시 작동 중이던 가로등, 하수도, 인쇄기를 분석하여 서비스 기술의 메커니즘을 설명한 것이다. 따라서 4장에서 살펴보겠지만, 이 접근법은 도시환경사의 기존 실천과 공통점이 많으며, 도시사가 문화사와 과학기술사뿐만 아니라 여러 다른 학문과 교차하는 학문임을 드러낸다.

그렇더라도 현재 부족한 점은 이 장의 앞부분에서 설명한 문헌들, 특히 도시 통치의 역사에 널리 퍼져 있는 구성적 연구들과의 명확한 연관성이다. 특히 몇 가지 예외를 제외하고 비교 사례 연구나 상세한 도시 전기가 없다는 것은 '자유주의적 통치성' 과정이 그 옹호자들이 주장하는 것보다 더 동질적이고 규범적이라는 것을 시사한다. 그러나 17세기와 18세기 타운에 가로등 기술이 이미 존재했다는 점을 고려할 때, 이는 조명, 감시, 치안 등의 실천이 지역적 의사결정과 투자의 결과로 생겨난 것임을 보여 준다. 말콤 팔커스 Malcolm Falkus 같은 역사학자가 지적했듯이, 이러한 실천은 불가피하게 점진적이고 우연한 방식으로 이루어졌다.[29] 19세기와 20세기에는 거리의 소화전부터 경찰 호출 전화기, 교통신호기, 폐쇄회로 텔레비전CCTV에 이르기까지 다른 통치술의 제공에서도 비슷한 현지화 과정이 일어났다. 이러한 차이에 대한 설명은 행정적 실천과 현지의 의사결정에서 비롯된다. 예를 들어, 버밍엄 소방대는 1880년대부터 소화전 공급에 대한 전권을 행사했으며, 도시 전역에 고압

급수 서비스를 보급하는 것이 중요하다는 점을 인식하고 이 기술에 더 많이 투자했다. 이는 레스터 등 다른 곳에서 채택한 실천과는 상반되는데, 레스터에서는 수도국이 이 책임을 맡고 그 비용도 더 저렴한 경우가 많았다.[30]

결론적으로, 우리는 도시 정부(그 구성원, 위원회, 공무원)와 도시 시민사회를 구성하는 다른 조직에 대한 지역 및 비교 사례 연구의 중요성으로 다시 돌아간다. 우리는 또한 도시 정부가 지역공동체의 거버넌스를 지원하기 위해 물질적 기술의 설계를 구축하고 유지 관리하는 데 사용할 수 있는 자원을 파악해야 한다. 이를 위해서는 헤녹이 개척한 상세한 (극히 적은 기록의 연계 방법을 활용한) 기록물 연구가 필요하다. 물론 국가적 틀 안에서 타운과 도시 간 비교는 자치체 개혁 과정에 영향을 미치는 현지 요인들과 특정 자원에 대한 접근성이 갖는 중요성을 드러내는데, 이 장에서 인용한 연구들은 이를 보여 준다. 또한, 앨런 디가에타노의 연구에서 알 수 있듯이 국경을 넘나드는 비교는 사회경제적·정치적 구조가 유사한 도시들이 직면한 자치체 경험에서 광범위한 공통점을 드러낸다. 적절한 사례 연구를 선정하는 데는 주의를 기울여야 하지만, 그렇게 한 경우에 그 결과는 지역 차원, 지역 사이, 그리고 지역 전반에 걸쳐 다원주의적 실천과 권력의 확산을 드러낸다. 이 연구들은 또한 아시아, 중동, 유럽, 북미 전역에서 시민과 공동체가 서비스 제공에 관여한 더 길고 광범위한 역사를 반영한다.

 동시에, 이 새로운 문헌들은 근대 도시를 통치하는 데 투여된 다양한 체제와 행위자들을 뒷받침하고 연결하는 기술을 포용하려면 전통적인 구성적 접근 방식을 자치체의 '블랙박스' 밖에서 취하도록 요구한다.[31] 이를 위해서는 다시 데이터베이스를 기존의 도시 정부 엘리트(헤리엇, 코흐, 체임벌린, 드 블뤼흐트 같은 사람들)를 넘어 물질적 기술을 뒷받침하는 건축가와 엔지니어, 그리고 이를 유지 및 운영하는 직원들을 포함한 서비스 제공자로까지 확장할 것을 요구한다. 전등 점화자, 청소부, 소방관, 경찰관 등도 새로운 기술에 투자하거나 이를 관리하기 위해 추가 노동력을 고용하기로 결정한 정치 엘리트 못지않게 도시환경 관리에 관여했다. 새로운 계획 실천, 건축자재, 통신 및 안전 규정을 포함하는 신기술로 일상적 삶이 변화한 대중도 마찬가지였다. 이와 관련해 일상적인 도시 생활의 통치 및 자치 실천의 역사와 감정의 문화사를 다룬 최근 연구에서 단서를 얻을 수 있다.[32] 그래야만 의사결정부터 실행, 규제, 순응, 저항에 이르는 권력관계의 실천과 흐름을 제대로 이해할 수 있다.

4장

도시와 환경

도시와 도시 건설 과정을 이해하는 것은 환경 변화를 이해하는 데 필수적이다. 지난 수백 년 동안 도시의 무분별한 성장이 전 세계 생태계에 얼마나 해로운 영향을 미쳤는지를 고려하면 이는 놀라운 일이 아니다. 서양 세계에서는 산업화로 인한 환경 악화의 장기적인 영향에 대응하는 일이 시작되었으나, 개발도상국에서는 오염과 토지 이용에 큰 영향을 미치고 있는 급속한 도시화로 인해 환경 조건이 여전히 암울하다. 도시가 활동을 지원하고 폐기물을 해결하는 데 필요한 공간인 '생태발자국'은 기하급수적으로 확대되고 있다.

1992년 리우데자네이루에서 열린 유엔 지구정상회의와 그 후속 회의인 2012년 지속가능발전회의(리우+20)에서 볼 수 있듯이, 지구 환경 문제에 대한 국제적 관심은 높아졌지만, 기후변화에 심각하게 대처하는 것에 대한 국가들의 반발은 실질적인 개혁을 계속 어렵게 하고 있다. 심각한 대기질 저하, 수질오염, 높은 생활비, 심각한(그리고 역사적인) 판자촌 문제로 고통받는 도시에서 이러한 주요 회의를 개최하기로 한 결정은 일부 평론가들의 주목을 받았다. 2013~2014년 리우와 다른 브라질 도시에서 벌어진 거리 시위는 빠르게 성장하는 이 나라에 만연한 사회적·환경적 불평등을 더욱 부각시켰고, 브라질이 FIFA 월드컵을 개최한 지 2년 후인 2016년 올림픽 개최를 준비한 리우에 세계의 시선이 집중되었다.[1]

도시에 대한 공통된 관심사를 고려할 때, 도시사와 환경사는 자연스러운 동반자가 된다. 환경사에 도시적 접근법을 도입한 선도적 주역 중 한 명인 조엘 타르Joel Tarr는 "나는 항상 스스로 환경사학자라기보다는 도시사학자라고 생각해 왔다"라고 공언했다.[2] 도시환경사는 1990년대 이후 비교 사례 연구 중심의 접근법을 선호하는 도시사의 성향을 공유하면서 환경사의 활발한 하위 분야로 떠올랐다. 또 다른 주요 전문가인 마틴 멜로시Martin Melosi가 지적했듯이, 이 하위 분야의 성장은 그 자체로 두 가지 환경이 존재한다는 일부 환경사학자들의 믿음에 대한 도전이었다. "인간을 배제하는 경향이 있는 자연 세계와 전적으로 인간 행위의 산물인 인공 세계, 즉 건조환경"이 그 두 가지다.[3]

도시환경사의 부상은 그 자체로 환경사가 더는 새로운 연구 분야가 아니라는 증거이며, 기후변화, 지속 가능성 및 에너지 효율과 관련된 문제 해결에 도시가 중요한 역할을 한다는 합의를 반영한다. 1960년대와 1970년대 환경운동에서 기원한 초기의 선구적인 연구 중 일부는 도시사학자들의 비판을 받기도 했다. 그러나 환경사는 주류 역사학 분야에 대한 급진적이고 정치적인 대안을 계속해서 제시하고 있다. 일부에서는 주류 역사가들이 환경사학자들이 실천하는 대안적 사료 기반과 방법론적 접근 방식에서 많은 것을 배울 수 있다고 분명하게 주장한다. 특히 물질문화(흙과 다른 형태의 물질뿐만 아니라 더 일반적으로는 하드 엔지니어링과 사회기술을 포함)와 인간과 환경의 상호작용에 초점을 맞추면서, 도시환경사학자들은 문화에서 물질로의 최근 인식론적 전환의 선봉에 서 있다. 즉, "표상의 문제에서 과정, 실천, 효과의 문제로" 전환하고, 도시의 문화 지리에 새롭게 초점을 맞추고 있다.[4]

예를 들어, 멜로시는 "환경사는 역사학 분야 자체의 가치 증진에 다른 분야보다 훨씬 더 대담하고 포용적이며 창의적으로 기여해 왔다. … 환경사는 명확한 경계를 설정하지 않고, 새로운 아이디어를 수용했으며, 학문적 경계 너머에서 그런 아이디어를 찾는 것을 두려워하지 않았다"고 주장한다. 도시는 오늘날의 중대한 문제들에 맞서기 위해 환경사에 우위를 부여하는 "가장 중요한 출구"로 꼽혀 왔다.[5] 이 두 분야를 연결하는 것이 바로 이러한 포용성, 창의성, 날카로움, 학제성이다. 도시사학자들은 과거를 연구하는 데 환경적 접근법에 익숙하다. 앞으로 살펴보겠지만, 두 분야는 공통된 방법을 공유하고, 유사한 전통적 및 비전통적 자료를 다양하게 활용하며, 도시환경의 생성, 이용, 관리에 관한 역사적 질문에 답을 찾는 과정에서 학문적 제약에 얽매이지 않기 때문이다.

환경사의 다양성

도널드 워스터Donald Worster는 이 연구 분야의 윤곽을 제시한 최초의 환경사학자로 다음과 같이 대담하게 제안했다. "환경사는 인간 삶에서 자연의 역할과 위치에 관한 것인데, 여기서 우리가 공동으로 이해하는 '자연'이란 비인간의 세계, 즉 우리가 어떠한 일차적 의미에서도 창조하지 않은 세계를 뜻한다."[6] 워스터는 이 분야가 악화일로의 지구 환경 조건에 대한 "강한 도덕적 우려에서 탄생했다"면서, 인간 역사가 자연과 분리되어 있고 "우리의 과거 행동으로 인한 생태적 결과를 무시할 수 있다"는 가정을 거부했다.[7] 초기 근대부터 인간과 자연의 관계를 재조정해 온 두 가지 주요한 힘은 인구학적 변화, 특히 인구 증가와 해외 이주 증가, 그리고 정치경제, 특히 세계 자본주의 경제의 부상과 산업화이다. 산업화는 화석연료(처음에는 석탄, 나중에는 가스와 석유)의 집중적 사용을 기반으로 구축되었다. 생태학자 및 지질학자들에 따르면, 인류세anthropocene라는 새로운 지질 시대에 인류는 그 자체로 "지질학적 의미에서 자연의 힘"으로 작용할 수 있는 독자적인 지질학적 힘으로 등장했다.[8]

인간의 삶에서 자연과 물질의 작용을 연구할 때 환경사학자들은 전통적인 문서 외에도 더 광범위한 일차 사료를 조사해야 한다. 여기에는 규조류 분석이나 연륜연대학dendrochronology | 나무 나이테를 통해

과거의 기후변화와 자연환경을 연구하는 학문 | 에서 얻은 과학적 데이터, 예를 들어 지질학적·고고학적 증거와 우리 주변 경관이 포함된다. 워스터의 정의는 환경사가 그 시작부터 주류 역사 연구의 변방에 머물렀던 이유를 간략히 설명해 준다. 대다수 역사학자는 인쇄된 자료 작업을 선호하고 과학적 데이터는 기피한다. 도시사나 지역사 외에 주변 환경을 다루는 데 익숙한 역사학자는 거의 없다.

워스터는 나중에 환경사 연구를 위한 세 가지 연구 의제 개요를 제시했다. 첫째, 자연 그 자체, 즉 자연 생태계의 구조와 역학을 그 자체로 이해해야 한다. 둘째, 인간이 농업·산업화·도시화로 자연을 통제하며 자연에 미치는 물질적·기술적 영향을 탐구하면서 자연의 사회경제적 영역에 대한 면밀한 조사가 필요하다. 셋째, 자연에 대한 이념적·문화적 신념의 변화를 추적하는 인지적 경관에 관한 연구이다.[9] 이는 도시환경에도 적용 가능해 보이지만, 워스터는 이를 자신의 의제에서 명시적으로 제외했다. 1988년에 쓴 시론에서, 그는 '사회적 환경'을 "자연이 부재한 상태에서 인간끼리만 상호작용하는 영역"으로 정의했다. 워스터는 여기에 건조built환경을 포함시켰으나, 나중에 이를 자연과 분리된 "전적인 문화의 표현"으로 치부하고 연구 주제에서 제외했다. 환경사학자는 역사적 변화에 대한 순전히 문화적인 접근은 피하고, 인간 행위에 자율적인 자연의 힘과 에너지를 중시해야 한다.[10]

환경사 연구에 통합적 접근을 요구하는 것과, 자연환경을 변화시키는 도시와 다른 '사회적 환경'의 역할 또는 실제로 건조환경 자체를 형성하는 자연의 영향에 대한 정밀한 검토를 거부하는 것 사이에는 명백한 모순이 있다(워스터가 도시 내 포유류, 조류, 식물 또는 토양의 존재를 어떻게 설명하는지는 제외한다). 저명한 환경사학자 윌리엄 크로논William Cronon은 워스터가 "'인간 삶에서 자연의 역할과 위치' 탐구에 전념하는 분야로서 환경사의 완전한 다양성"을 포착하는 데 실패했다고 비판한다.[11] 더 나아가, 멜로시는 인간이 비활성 환경을 적극적으로 착취하고 파괴해 왔다는 환경사의 쇠퇴론적 서사에 설득력 있게 도전하며, 자연이 인간에게 작용하고 건조환경을 형성해 온 몇 가지 방식을 강조한다. 멜로시는 이를 설명하기 위해 잘 알려진 도시운동가 제인 제이콥스의 말을 인용한다. "인간은 당연하게도 회색곰이나 벌, 고래, 수수깡처럼 자연의 한 부분이다. 인간의 도시는 프레리도그 서식지나 굴 밭처럼 자연의 한 형태인 자연스러운 산물이다." 이러한 사실을 고려할 때, 도시에서 자연의 존재를 강조하고 자연환경과 건조환경이 연결되지 않는다는 잘못된 믿음을 깨뜨리며 쇠퇴론적 서사와는 다른 대안적 서사를 구상하는 것은 가치 있는 일이다. 실제로 지속 가능한 계획 수립과 효율적인 에너지 사용으로 도시가 환경 문제를 해결할 수 있다는 믿음이 과학자들과 정책입안자들 사이에서 커지면서, 이러한 자연/사회 이원론을 극복

하기 위해 도시와 자연환경의 관계를 역사화하는 것이 갈수록 더 중요해지고 있다.[12]

건조built 환경과 자연환경의 통합에 가장 영향력 있는 연구 의제는 크리스틴 마이스너 로젠Christine Meisner Rosen과 조엘 타르가 1994년 학술지《도시사 저널》특집호에 소개한 것이다. 이들은 워스터의 농업생태 모델에 대한 건설적인 대안을 제시하며, 자연환경과 건조환경을 함께 연구해야 한다고 설득력 있게 주장한다.

자연환경과 건조환경은 변증법적 상호의존과 긴장 속에서 진화했다. 전자는 후자를 건설하는 데 선택된 기술, 재료 및 입지에 영향을 미쳤고, 건조환경은 지속적인 상호작용 과정에서 자연의 토지, 기후, 물 순환, 생물 생태계를 변화시켰다. 환경사학자들의 관심에서 건조환경은 주변부가 아니라 중심이다.[13]

먼저 두 사람은 도시가 식량, 물, 연료, 건축자재, 폐기물 처리 등을 시골 지역에 요구하면서 자연환경에 미치는 영향을 설명한다. 그들은 이 지점에서 크로논의 시카고 연구에서 영감을 얻는데, 이 연구는 시카고가 도축 가공과 곡물 및 목재 유통의 중심지로 성장하면서 만들어 낸 생태발자국을 북미 중서부 전역에서 추적했다. 시카고는 육류 산업을 위해 지역 전체가 축산업으로 전환되었다. 워스터가 다른 곳에서 언급한 자본주의 농업으로의 변화를 이끈 것은 도시 거주자들의 식량 수요였다. 시카고의 개발자들은 1871년 10월 8일부터 9일까지 발생한 '대화재' 이후 시카고의 은유적 부활을 위해 신화적 자연인 불사조까지 차용했다. 이 화재는 4제곱마일 ∣12.7제곱킬로미터∣의 면적을 불태우고, 다운타운 사업 지구와 수천 채의 주택 및 소규모 사업체를 포함한 1만 8천 채 이상의 건물을 전소시켰다. 화재로 도시의 약 30만 주민 중 3분의 1 정도가 집을 잃었고, 거의 300여 명이 사망했다. 120마일에 달하는 보도를 따라 나무와 관목, 식물이 불타는 등 자연도 파괴를 피하지 못했다. 모든 파괴에도 불구하고 도시는 빠르게 재건되었으며, 종종 잿더미에서 떠오르는 위대한 불사조에 비유되었다. 광범위한 파괴에도 불구하고 곡물 엘리베이터, 포장 공장, 목재 야적장, 부두 등 남부와 서부의 상업 인프라는 대부분 그대로 남아 도시의 빠른 재건에 촉진제가 되었다.[14]

타르와 로젠의 두 번째 단계는 자연이 도시에 어떤 영향을 미쳤는지 설명하는 것으로, 자연은 주민들에게 자연 자원을 제공하는 동시에 도시 질서와 인간의 삶을 위협하는 극적이고 파괴적인 역할을 하는 것 둘 다에서였다. 시카고를 다시 언급하자면, '대화재'는 몇 달간의 가뭄 뒤에 발생했다. 여름과 가을 동안 강우량은 2.5인치에 불과했고, 이는 필연적으로 강한 남서풍과 함께 내부가 목재로 된 건물 및 보도가 불붙기 쉽다는 걸 의미했다. 이 도시는 대화재 전날 밤에도 185명의 소방관이 출동한 대형 제분소 화재를 포함해 여름부터 이미 많은 화재로 고통받고 있었다. 화재의 사회적·문화적 영향을 다룬 칼 스미스Carl Smith와 캐런 사위슬락Karen Sawislak의 연구는 당시 도시의 물 공급에 대한 논쟁이 불가피한 화재를 둘러싼 논쟁에 어떻게 가려졌는지를 보여 준다(화재는 결국에 비가 내리면서 저절로 꺼졌다). 반면 화재로 인한 황폐화는 시카고 개발업자들이 도시를 재건하는 동시에, 노후화된 목조주택을 단계적으로 철거하고 도시 내 자연력을 회복할 수 있게 했다. 시카고는 산업혁명으로 촉진된 도시였기 때문에, 화재는 도시의 혼란스러운 성장과 그에 따른 변동성을 표상했다.[15]

셋째, 로젠과 타르는 정부와 시장의 조직, 그리고 기술 체계 구축과 관리를 통해 도시사회의 환경 변화 대응을 연구해야 한다고 주장한다. 사위슬락은 시카고 대화재가 어떻게 시카고 시민들을 통합하여 수천 명의 이재민에게 구호와 자선을 제공하는 사회적 힘으로 작용했는지 밝혔고, 로젠은 화재 이후 시카고의 도축 가공, 목재, 제조업 지구에 방화 구역을 조성함으로써 도시계획가들이 자연의 파괴적인 힘을 더 잘 통제할 수 있게 된 방법을 보여 주었다. 시 행정가들 간의 정치적 긴장은 시 행정, 사기업에 적용되는 안전 규칙, 도시의 물리적·공간적 토지 사용 양상에 대한 중대한 변화들로 절정에 이르렀다.[16]

넷째, 로젠과 타르는 건물, 교통 인프라, 전력 체계의 오랜 지리적·문화적 범위를 통해 도시가 지구 환경사에 얼마나 중요한지를 다시 한 번 강조한다. 시카고 대화재와 같은 날, 위스콘신주 페시티고 북쪽에서 산불이 발생해 시카고보다 훨씬 더 많은 1천 명 이상이 사망했다.[17] 그러나 역사학자, 박물관 학예사, 다큐멘터리영화 제작자, 소셜미디어 및 일반 대중이 시카고를 기억하고 기념하는 것은 그 광범위한 사회적·경제적·정치적 영향과 사회적 기억에 미친 강력한 문화적 영향 때문이다.[18] 시카고 대화재는 시카고 시민들의 근대 환경사에서 빼놓을 수 없는 사건이지만, 그 그림자는 전 세계 많은 사람들에게 매력을 주기에 여전히 더 멀리 드리워져 있다.

도시 영역 경운

로젠과 타르는 전문 분야가 모두 도시 기술사이기 때문에, 그들의 영향력은 도시 기술 인프라의 방대한 역사와 그것이 생태계에 미치는 영향에서 가장 분명하게 드러난다. 도시 인프라의 건설과 규제는 도시사학자들과 도시환경사학자들이 연구할 수 있는 가장 비옥한 토양 중 하나로 입증되었고, 1990년대 후반 물질사로의 전환 이전부터 존재했다. 이 연구의 최선은 일반적으로 한 국가 내 도시들 사이의 연관성을 모색하는 비교 사례 연구에 위치한다.[19] 최근 편집된 사례 연구 역사 모음집은 비교 차원을 탐구하는 또 다른 방식을 제공하는바(유럽 문헌은 이러한 개요를 제공하는 데 탁월하다), 몇몇 연구는 야심 차게 국가 간 비교를 시도한다.[20]

이러한 국가 간 비교 연구 중 하나는 해롤드 플랫의 《충격적인 도시: 맨체스터와 시카고의 환경 변화와 개혁Shock Cities: The Environmental Transformation and Reform of Manchester and Chicago》이다. 맨체스터와 시카고는 산업혁명 당시 "대서양 양쪽 현대사회의 공포와 경이로움"을 실제적이고 비유적으로 묘사하는 '충격적인 도시'로서 유용한 비교 사례 연구가 된다. 새로운 생산기술과 인프라 체계를 활용해 두 도시 모두 "새로운 형태의 건조built환경"을 생성했고, "토지 이용 양상, 지표면 형태, 그리고 사회지리학"은 충격적인 가치를 추가하며 두 도시의 내외부 관계에 전례 없는 환경적 영향을 미쳤다. 존 프레데릭 라 트로브 베이트먼John Frederick La Trobe Bateman과 엘리스 S. 체스브로Ellis S. Chesbrough 같은 엔지니어들은 자연의 건축가로서 자치체 고용주가 도시인구 성장을 촉진하기 위해 물을 활용할 수 있도록 야심 찬 사회·기술적 인프라를 설계하고 구축했다. 그들은 도시가 신진대사를 유지하고 유기적으로 기능할 수 있도록 도움을 제공하는 것에도 마찬가지로 중요한 역할을 했다. 즉, 도시인구가 생활에 필요한 공기, 물, 식량 등 천연자원의 투입을 순환시키는 동시에 하수와 쓰레기처리로 폐기물을 배출할 수 있게 했다. 그렇게 함으로써 베이트먼과 체스브로 같은 사람들은 자연환경과 건조환경을 변화시키는 필수적 역할을 했다. 최고의 도시사 연구가 그러하듯, 플랫의 연구는 사례 연구 중심 관점과 도시 건설 과정에 대한 더 넓은 기술적 관점을 결합해 인간과 비인간의 드라마를 서사 속으로 끌어들인다.[21]

도시사학자들은 오랫동안 건조환경에 관심을 보여 왔다. 그 연구들은 도시의 경제 및 사회 활동이 대기와 수로 오염을 통해 자연환경과 공중보건에 미치는 영향뿐만 아니라, 상업 및 기타 규제 활동(말이 끄는 소방차 및 구급차)을 포함해 도시 및 교외 개발 형성에서 인간과 비인간(특히 수동 동력 및 운송수단으로서의 말) 간의 상호의존성에 초점을 맞추었다.[22] 도시사 연구에서 더욱 두드러진 것은, 도시 거주민들의 일상적인 사회적·경제적 업무 수행뿐 아니라 공중보건 개선과 도시 공간 설계에서 물과 같은 자연에너지 자원이 담당한 역할이다. 물은 도시의 생산·유통·소비에 중추적인 역할을 했으며, 인류의 이익을 위해 자연을 도시로 끌어들이는 기술의 일부로 활용되었다. 물은 도시의 건설, 성장, 건강, 물질성 및 거버넌스에 필수적인 요소이다.[23]

도시 상수도에 대한 학계의 지속적인 관심은 물 부족이 여전히 전 세계의 시급한 문제로 남아 있다는 인식에 기인한다. 2004년 인도양 쓰나미와 2005년 뉴올리언스 폭풍 홍수 사례에서 볼 수 있듯이, 물은 광범위한 도시 파괴를 초래할 수 있기에 공중보건뿐만 아니라 도시의 공공안전에 관심이 있는 역사학자들에게도 중요한 주제이다.[24] 시카고와 맨체스터에 대한 플랫의 연구는, 특히 1852년 웨스트요크셔주 홈퍼스 외곽 댐이 붕괴해 주민 81명이 익사하고 재산과 인프라에 상당한 피해를 준 사건이 널리 알려진 이후 빅토리아 시대 상수도 공학에 나타난 명백한 긴장감을 드러낸다. 12년 후 사우스요크셔주 셰필드 외곽의 로우브래드필드 마을에서 300명 이상의 희생자와 셰필드 및 그 배후 지역에 수천 파운드 상당의 피해를 준 큰 저수지 붕괴 때문에 상수도 사업주의 법적 의무를 포함한 물 관리 문제는 대중의 의식에 확고하게 자리를 잡았다. 이와 관련하여 내가 수행한 홍수 연구는 물이 도시 주민과 번영에 얼마나 위협적인지, 그런데도 동시에 자연의 파괴적인 요소에 직면했을 때 공동체가 얼마나 회복력이 있는지를 보여 준다.[25]

예를 들어, 바그다드는 오랜 역사 동안 티그리스강 때문에 여러 번 침수되었다. 전쟁과 전염병으로 반복된 파괴도 잊을 수 없이 많지만, 이슬람 세계에서 가장 크고 중요한 도시 중 하나로 번영을 이어 가고 있다. 오트프리트 바인트리트Otfried Weintritt는 10세기 초부터 13세기 중반까지 바그다드에서 발생한 최대 35번의 재앙적인 홍수를 증명했다. 홍수는 너무 흔해서 동시대 사람들은 댐이나 운하와 같은 홍수 조절 체계를 설치할 때 매년 발생하는 높은 수위로 인한 '정상적인' 봄철 위기와 '비정상적인' 재앙적 홍수를 구분했다. 바그다드는 메소포타미아의 정치·경제 중심지로서 중요했기에 이 시기의 기록자들은 데이터를 잘 기록해 두었으나, 13세기에서 19세기 사이에 그 중요성이 감소하면서 홍수에 대한 기록도 함께 줄어들었다.[26] 이 사례를 비롯한 여러 사례들은 물의 물질적·환경적·정치적·문화적 의미가 최근 많은 관심을 끌고 있음을 보여 주는 동시에, 전 세계 환경사 저술에 대한 관심이 높아지고 있음에도 불구하고 이 연구 분야가 현지 사례 연구에 굳건히 뿌리를 두고 있음을 보여 준다.

도시 개수대에서
도시 기념비까지

깨끗한 물의 적절한 공급원, 안전한 저장 및 폐수 처리, 혹은 타르가 "궁극적인 개수대 찾기"라고 부르는 것은 분명히 현지 중심적 문제로 시작되었다. 중세와 근대 초기 도시 상수도의 대부분은 지하수, 강, 하천에서 끌어오는 지역 우물이나 펌프에서 얻었고, 폐기물(인체 및 제조업/상업 폐기물 모두)은 오물 웅덩이에 버려지거나 다시 지역 강과 하천으로 버려졌다. 초기 근대에는 충분한 상수도를 공급하는 타운이 너무 적었고, 그마저도 여유가 있는 사람들에게만 제공했다. 18세기와 19세기에 증기펌프가 설치되기 전까지 많은 주민들은 물 공급을 물통에 의존했다. 수질이 의심스러운 물이 간헐적으로 공급되면서, 도시와 도시 주민들은 자체 폐기물에 중독되어 기대수명이 줄어드는 등 심각한 공중보건 문제가 발생했다. 18세기와 19세기에 이를 인식한 기업, 자선단체, 자치체와 중앙정부까지 포함하는 도시 기관들은 더 건강하고 안전한 물 공급원과 폐기물 처리 수단을 모색했다.[27]

필라델피아, 보스턴, 시카고의 상수도 프로젝트에 대한 칼 스미스의 훌륭한 비교 연구에서 알 수 있듯이, 상수도 사업은 기술적·정치적 분쟁과 좌절로 점철된 비용이 많이 들고 번거로운 작업이었다. 1802년 자체 상수도를 건설하여 스쿨킬강에서 도시로 식수를 공급한 필라델피아의 상수도 위원회와 같은 초기 혁신가들은 곧 자신들의 상수도 체계가 빠르게 증가하는 인구에 비해 공급 용량이 부족하다는 점을 깨달았다. 증기기관을 이용해 강물을 더 효율적으로 배수하려 한 필라델피아의 대응은 도시의 납세자들에게 값비싸고 인기 없는 해결책으로 판명되었다. 1820년대에 이르러서야 상당히 효율적인 중력식 수도 공학 체계가 도입되었다. 이는 취수구를 상류로 옮기고 페어마운트 언덕에 저수지를 건설하여 물을 가두는 조치, 그리고 도시의 누수를 줄이기 위해 나무 수도관을 철로 대체하는 것을 포함했는데, 전체 계획이 재정적으로 실행 가능한 것으로 입증되기까지는 10년이 더 걸렸다. 자연환경은 적어도 한동안은 인간의 통제에 굴복했고, 물소비량은 크게 늘었다. 실제로 이 모든 경험을 통해 필라델피아는 상수도 기술 및 거버넌스의 선두에 서게 되었는데, 공공 소유 상수도 체계의 장점을 보여 주는 동시에 유사한 프로젝트에 착수한 다른 도시에 귀중한 공학적 교훈을 제공했기 때문이다.[28]

스미스는 자연과 건조built환경의 모호한 구분을 설명하기 위해 '도시 수도망'이라는 개념을 사용한다. 산업도시들은 주민들의 삶의 질을 개선하고 화재 위험으로부터 재산을 보호하기 위해 값비싼 상수도 체계를 구축했는데, 이는 또한 자연 정복을 기념하는 것이기도 했다. 이러한 자본집약적인 프로젝트는 역설적이게도 자연과 점점 더 분리된 인간이 만든 세계에서 자연에 대한 도시의 의존을 보여 주었다. 그러나 저수지, 탑, 수로교, 수도관, 수도꼭지 등 자연을 도시 거주민의 집과 직장으로 끌어들이는 물리적인 인프라 구축이 이러한 투자의 유일한 원동력은 아니었다. 도시 지도자와 공무원들은 아이디어의 인프라도 구축한바, 물을 활용하여 물의 공공 소유가 모두에게 "편안함과 건강"을 가져다준다고 공동으로 인식하는 응집력 있는 공동체로 이질적인 도시인구를 결속시켰다. 스미스가 서술한 것처럼, "도시는 사람들의 집합, 거리의 배치, 건물의 배열 또는 정치·경제·사회제도의 집합인 동시에 아이디어의 인프라"이다. 따라서 자연환경과 건조환경의 상호의존성은 자연 수원水源의 설계에서 분명하게 드러난다. 저수조 건물, 엔진실, 수로교를 건설함으로써 도시 당국은 주변 유역에 대한 통제권을 갖게 되었지만, 첫째, 자연환경을 통제할 수 있는 최상의 기술적 해결책을 찾는 데 골머리를 앓았고, 둘째, 도시 인프라의 소유권 및 자금 조달, 사용료 부과 수준을 둘러싼 법적·정치적 갈등이 뒤따랐다. 이 프로젝트들은 관련자들에게 "도시화가 자연계에 미치는 변화, 도시민 개인과 도시 전체의 건강, 인간의 활동 과정에서 대도시가 차지하는 위치"를 포함하여 근대 도시사회의 성격에 대한 뿌리 깊은 우려를 안겨 주었다.[29]

스미스의 책은 도시환경의 물질주의와 자연과의 관계를 검토하는 문헌의 새로운 경향을 이어 가고 있다. 이는 부분적으로는 자연이 사회적·기술적 힘의 담론적 산물로 이해되는 역사학의 문화적 전환의 산물이기도 하지만, 건조환경이 전적으로 문화를 표현한다는 워스터의 불만에 대한 대응이기도 하다. 또한, 크리스 필로Chris Philo의 말처럼, 역사학자들과 지리학자들이 일상생활의 리듬과 공간을 형성하는 "부딪히기 쉽고 완고하게 세상에 존재하는 '물질' 유형에" 더 많은 주의를 기울일 필요가 있다는 점을 반영한다.[30] 매튜 갠디, 마리아 카이카Maria Kaika, 재커리 팔크Zachary Falck 등은 자연이 어떻게 문화와 담론적으로 분리되었는지를 밝혀냄으로써 자연환경과 건조환경을 재물질화했다. 그렇게 하는 데 문화지리학자 에릭 스빙에다우Erik Swyngedouw의 '사회자연socionatures' 개념을 활용하는데, 이는 인간과 비인간 행위자가 끊임없이 상호작용하여 도시에 물질적 형태를 부여하는 흐름·이동·순환을 만들어 내는 방식을 말한다.[31]

갠디는 《콘크리트와 점토: 뉴욕시의 자연 재구성하기Concrete and Clay: Reworking Nature in New York City》에서 19세기 초부터 20세기 후반까지 뉴욕의 집수 지역이 수천 평방마일의 산, 호수, 숲, 마을, 범람원 등을 포함해 확장되는 과정을 추적한다. 뉴욕은 19개의 저수지를 건설하고 세계적으로 유명한 크로턴 수로교를 비롯한 터널, 저장 탱크, 상수도관 등의 지원 기술을 통해 매일 13억 갤런의 물을 약 900만 명의 인구에게 공급하고 있다. 갠디는 도시의 성장과 물의 관계를 자연환경과 건조환경의 지속적인 상호작용, 즉 '사회자연'의 구현에 기반한 것으로 요약한다.

> 도시의 역사는 물의 역사로 읽을 수 있다. … 도시를 통과하는 물의 흐름을 추적하는 것은 모든 복잡성 속에서 근대사회의 기능을 규명하는 것이다. 물은 복합적인 실체이다. 그것은 고유한 생물물리학적 법칙과 특성을 갖지만, 인간 사회와의 상호작용에서 정치적·문화적·과학적 요인에 의해 동시에 형성된다.[32]

1834년에서 1842년 사이에 크로턴 수로교가 건설된 것은 "북미 도시화의 새로운 시대를 열었으며", 이는 공적 기념과 초기의 시민적 자부심으로 점점 더 인정받게 되었다. 게다가 도시의 생태적 경계를 확장하는 과정은 "자연과의 새로운 종류의 기술적·문화적 결합인 … 자연 민주화"의 진화를 의미한다. 저수지와 수도관은 분수와 소화전으로 연결되었고, 이는 공중보건 및 안전에 대한 새로운 이해와 함께 신선하고 풍부한 물을 공급하는 도시의 도래를 상징했다. 이렇게 광범위한 물 공급은 다시 물 소비의 증가, 물 사용의 다양화, 가정 내 배관 기술의 확산, 그리고 새로운 개인위생 문화의 발전을 촉진했다. 갠디는 더 나아가 "물 사용의 증가는 근대성의 역설적 성격을 나타내기에 (시간이 흐르면서) 근대성의 지표로 간주될 것"이라고 덧붙인다. 이 서사에서 자연은 뉴욕의 하인인 동시에 주인이었다.[33]

종종 그렇듯이 문화적 설명은 도시환경 변화의 생생한 현실을 가릴 수 있기에, 도시환경의 물질성에 대한 관심이 다시금 높아지고 있다. 다행히도 갠디는 1830년대와 1840년대에 뉴욕 당국이 미개발된 깨끗한 물 공급원을 찾도록 만든 긴급한 사회적·경제적 요인을 인정한다. 여기에는 도시 전역에서 수인성 질병 발생의 증가, 화재로 인한 재산 피해 증가(1835년 674채의 건물을 파괴한 '대화재' 포함), "도시의 물 문제에 더 기술적으로 야심 찬 해결책"을 모색하도록 도시의 정치적·경제적 엘리트들을 설득한 엔지니어들의 직업적 지위 상승, 제조업과 화재 예방을 위해 더 안정적인 물 공급을 원했던 이해관계자들(화학공장, 양조장, 제혁공장, 보험회사 등)의 로비가 포함되었다.[34] 물질 기술에 대한 새로운 관심과 결합한 전통적인 사회적·경제적 설명에 대한 이러한 강조는 갠디의 연구처럼 역사에서 흔히 볼 수 있으며, 이는 도시사 학문 활동의 전통적 성향에 크게 기인한다. 이 분야의 기반을 형성해 온 것은 학제적 틀에서 제시된 증거와 이론의 결합이었다.

교차로에 서서

최근 도시환경사 박사학위 논문들을 조사한 논문에서, 스테판 프리우 Stéphane Frioux는 이 분야가 신생 역사의 교차점에 서 있다고 환기한다. 이 분야가 "다양한 관련 접근법의 교차점에" 있기에 실무자들이 취할 수 있는 여러 방향이 있는데, 그중에는 잘 알려진 일부 주제(예를 들어, 공해와 공중보건)에서 벗어나 환경불평등과 사회정의와 같은 새로운 문제로 나아가는 것뿐만 아니라, 산업 대도시에서 소도시로 연구 대상을 축소하고 시간상 19세기에서 벗어나 20세기로 넘어가거나 혹은 거슬러 올라가 전근대 공동체들이 환경 위기에 어떻게 대처했는지 더 잘 이해하는 것들이 있다. 또한, 도시경제학자 에드워드 글레이저Edward Glaeser가 주장한 것처럼 도시가 환경개선의 매개체가 될 기회가 존재하는데, 피터 홀Peter Hall 경의 마지막 저서에서 알 수 있듯이 도시 및 계획 역사학자들은 이것의 장기적인 맥락을 강조하는 데 중요한 역할을 한다.[35] 새로운 지리적 관점도 마찬가지로 환영할 만한데, 이 장에서 분명히 알 수 있듯이 출간된 연구 대부분이 북미와 서유럽, 특히 19세기에 집중되었기 때문이다.

전 지구적 도시환경사로 나아가기 위해서는 라틴아메리카나 동유럽처럼 연구가 덜 이루어진 지역도 잊지 말아야 하고, 아프리카·중동·아시아의 건조built환경도 고려해야 한다. 비록 사례 연구에 초점을 맞추지는 않았어도 일반적인 환경사에서 이러한 누락이 해결되고 있다는 긍정적인 신호가 있다.[36] 게다가 자연재해에 관한 역사학 연구는 개발도상국 도시에 세심한 주의를 기울여 왔는데, 이는 부분적으로는 이 도시들이 더 많은 재해를 겪는 경향이 있기 때문이며 동시에 이들의 경험이 재해에 대처하는 대안적 전략을 드러내 주기 때문이다. 크리스토프 마우흐Christof Mauch는 "인간이 재난에 대처하는 방식은 주로 사회 및 문화적 양상, 가치관, 종교적 신념 체계, 정치제도, 경제구조에 달려 있다"라고 지적한다. 계몽주의 이후 자연재해를 신의 행위로 해석하는 서양인은 거의 없었지만, 중국에서는 19세기까지 "하늘이 보낸 것"으로 여겨졌고, 이슬람 사회에서는 신학과 기술이 혼합된 방식으로 재해를 이해했다. 필리핀과 멕시코와 같이 재해에 취약한 다른 공동체에서는 자연재해와 기타 위기의 빈번한 경험이 도시 생활과 관련된 위험에 더 잘 대처할 수 있는 "누적된 재난 지식"을 쌓아가는 데 도움이 되었다.[37]

스페인령 필리핀의 수도인 마닐라의 도시 화재 체계에 대한 그렉 반코프Greg Bankoff의 연구는 자연재해에 대한 다양한 문화적 대응을 보여 준다. 사실상 마닐라는 두 개의 도시였다. 돌과 나무로 지어진 성벽 안 중심 도시에는 스페인 사람들이 주로 거주했고, 니파 야자수와 대나무 집들이 있는 외곽 도시에는 원주민과 중국인, 일본인 정착민들이 밀집해 살았다. 돌과 나무로 된 도시는 지진뿐 아니라 화재를 막거나 최소한 억제하기 위해 지어졌지만, 가연성이 높은 니파 야자수 도시는 주기적인 화재가 도시 생활에서 피할 수 없는 결과라는 인식하에 지어졌다. 이 집들은 불에 타면 그만큼 빠르게 재건되었다. 이런 점에서 마닐라 외곽은 전근대 아시아 도시들과 유사한데, 라이어넬 프로스트Lionel Frost가 주장한 것처럼 이들 도시의 주민들은 최소한의 가구만 갖춘 값싼 집을 짓는 방식으로 끊임없는 화재 위험에 대응했다. 필리핀에서 위험은 사실상 일상적인 삶의 경험이었기에 원주민들은 위험에 관해 어느 정도의 운명론과 위험 감수, 심지어 유머 섞인 태도로 재난에 놀라울 정도로 잘 대처했다.

반코프는 19세기에 계급 구분이 문제를 더 복잡하게 만들기 전에, 마닐라에서 계획과 화재 관리에 대한 이러한 이중적 접근 방식이 어떻게 새로 식민지가 된 국가 내의 인종적 분열을 반영했는지를 보여 준다. 마닐라가 무역항으로 성장한 후 인구가 급증하면서 도시 외곽의 니파 야자수 주택들 사이에 석조주택이 늘어났고, 새로운 상업 및 소매업 교외 지역이 등장해 일부 비스페인계 인구 사이에서 새로운 부를 창출했으며, 조직적 소방대가 설립되었다. 식민지 관리자들에게는 고정자산의 보호가 석조 건물 확산의 원동력이었던 반면, 원주민들은 휴대 가능한 자산을 구하는 데 우선순위를 두어 화재가 발생하면 집을 포기했다. 이렇게 마닐라 내부에는 '화재 격차'가 존재했는데, 이는 도시 내부에서 중심부와 외곽을 분리했고 도시의 화재 형태학에서 사회적·인종적 불평등을 드러냈다.[38]

이 떠오르는 연구 분야는 또한 화재와 기타 재난이 사회적·생태적 구조에 어떻게 깊이 내재해 있는지, 그리고 어떻게 기존의 사회적 불평등을 강화하는지를 보여 준다. 가장 단순한 수준에서 보면, 부유한 서양 사회는 가난한 개발도상국 사회보다 지진에 훨씬 더 잘 대비하고 있다. 로스앤젤레스에서 리히터 규모 7.5의 지진이 발생하면 약 5만 명이 사망하는 반면에, 테헤란에서 비슷한 지진이 발생하면 100만 명이 사망하리라고 예상하는 추산도 있다.[39] 물론 서양 사회 내에도 분명한 사회적 불평등이 존재한다. 1824년 에든버러 대화재와 1906년 샌프란시스코 지진과 화재에서 노동자계급 가구가 거주하는 부동산은 부유층이 거주하는 부동산보다 파괴 위험이 훨씬 더 컸다. 홈퍼스와 셰필드의 홍수 피해자들에게도 같은 논리가 적용된다. 사망자의 압도적 다수가 노동계급 가족에서 나왔고, 재산과 일자리 상실도 빈곤층에서 가장 크게 느껴졌다. 다양한 사례 연구와 주제에 걸쳐 유사한 결론이 도출되고 있다.[40]

도시환경사가 교차점에 서 있다고 해도 그 전망은 여전히 긍정적으로 보인다. 도시환경사는 도시사학자들이 활용할 수 있는 방법론과 이 학문의 전방위적 매력을 확장하는 데 큰 성과를 거두었다. 건조환경 역사 연구에 자연을 도입하고, 도시의 물질성에 예리한 초점을 다시 도입했으며, '생태발자국'을 고려하도록 도시를 바라보는 우리의 초점을 확장하고, 도시 건설 과정 연구에 과학적이고 기술적인 질문들을 도입해 도시사에 새로운 지평을 열었다. 이는 도시사학자들에게 실무자, 정책입안자, 일반 대중을 포함하는 더 넓은 청중을 열어 준다.[41]

그러나 그 관계는 상호적이었고, 도시환경사학자들은 이를 인식한다. 도시사는 오랜 전통의 학문 활동 속에서 환경사가 뿌리를 내리게 해 왔으며, 오늘날 면밀하게 검토되는 많은 질문과 주제는 1장에서 살펴본 것처럼 도시사의 초창기로 거슬러 올라간다. 게다가 도시는 연구 의제의 형성에 계속 결정적인 역할을 하고 있다. 지난 수세기 동안의 대규모 인구 폭발로 비롯된 자연 자원에 대한 엄청난 수요는 환경사학자들에게 도시를 가장 중요한 창구로 만들었고, 도시 생태학자, 경제학자, 계획자는 환경 문제에 대한 도시 차원의 해결책을 옹호하기 위해 도시사를 계속 활용하고 있다. 도시 사례 연구는 두 분야 모두에 활력을 불어넣는다. 도시 사례 연구는 자연환경과 건조환경을 관리하는 다양한 태도와 전략을 드러내며, 그 수와 유용성이 증가하고 있는 비교 연구는 도시사에서 도시 경험의 일반성과 특수성을 지속적으로 강조하고 있다. 연구가 부족했던 세계 도시와 지역에 대한 새로운 관심은 새롭게 부상한 글로벌 접근 방식과 결합해 이 풍부한 전통을 이어 가고 있다.

5장 도시 문화와 근대성

시카고학파의 사회학자 루이스 워스는 1938년에 발표한 시론에서 근대 도시는 근대 이전의 도시와 눈에 띄게 다르며, 더 크고 인구밀도가 더 높으며 인구 구성이 더 이질적이고 사회공간적 분리가 더 뚜렷하다고 주장했다. 가족과 친족이 제공하는 전통적인 사회적 연대의 기반은, 도시사회 내에서 개인화와 고립이 심화되고 이에 대응하기 위해 클럽과 자발적 결사체라는 새로운 형태의 집단적 정체성이 등장하면서 침식되고 있었다. 그는 도시 거주자들이 일상적인 상호작용을 위해 더 많은 사람에게 의존하게 되었지만, 이러한 상호작용은 점점 더 덧없고 세분화되어 사회적 관습보다는 계약에 지배되는 이기적인 개인들 간의 일련의 비인격적이고 피상적인 교류를 낳았다고 썼다.[1]

워스는 근대 도시의 상태에 대한 이해를 증진하기 위해서는 도시의 공간적·경험적 특징을 탐구해야 한다고 믿었다. 워스와 막스 베버와 같은 당대 저술가들이 묘사하는 도시 문화에는 분명히 '근대적인' 무언가가 존재했다. 베를린이나 도쿄와 같은 근대 대도시에서는 개인이 직면하는 기회가 더 많았으나, 사회의 개인화가 확대되면서 도시인과 도시 사이의 소외감이 커졌다. 문화 이론가 미셸 드 세르토Michel de Certeau와 같은 후대의 작가들은 도시를 도시계획자가 구상하거나 지도 제작자가 지도화한 방식인 '하향식' 파노라마 조망, 축적된 거리감, 차량과 보행자 통행을 위한 명확한 경로 표시가 보행자가 동일한 도시를 경험하거나 학습하는 방식과 어떻게 다른지를 보여 주었다. 혹은 이 작가의 경우처럼 정의되지 않고 지도에 표시되지 않은 '지름길'을 포함해 자신의 고유한 경로를 따라 도시의 거리와 골목길을 달리는 사람이 계획자의 이해와는 구별되면서도 관련성 있는 감각적인 방식으로 어떻게 도시를 경험하는지를 보여 주었다. 개인은 일상생활에서 자신만의 '운영 방식'을 개발하여 정적인 공간을 살아 있는 장소로 재창조한다.[2]

1980년대 문화적 전환 이후 도시 역사학 연구에서는 근대 도시의 공간적·경험적 특성을 동시에 검토하려는 경향이 커지고 있다. 도시사는 국가와 그 대리인들이 자신들의 이미지에 맞게 건조built환경을 건설하고 규제하려는 시도와, 다양한 사회적 정체성을 가진 평범한 사람들이 도시 생활을 경험한 '아래로부터의' 거리의 삶을 병렬하여 고찰해 왔다. '근대 도시'는 산업화 경제, 새로운 형태의 상업문화, 정돈된 공공공간의 더 큰 다양성, 대중교통과 활기찬 인쇄 문화를 포함해 도시 간 및 도시 내의 개선된 소통을 구현하는 주로 서양에서 건설된 모델이라는 인식과 함께, 특히 19세기 후반 이후 서양의 이러한 모델 수출을 통해서 (때로는 강제적으로) 비서양 도시와 도시 문화가 서구의 가치와 접촉하게 되었다. 워스가 도시적 '생활양식'으로 묘사한 것에 대해서도 같은 말을 할 수 있는데, 그 의미는 번역 과정에서 쉽게 사라지거나 다양한 도시 기반 연구가 수행한 바 대로 특정 문화적 전통과 정치적 의제에 맞도록 쉽게 변형될 수 있었다. 이후 비서양 도시는 근대화와 민족주의로 새로운 도시가 건설되거나 기존 도시가 변형될 때 근대성과 국가 정체성 세력 간의 투쟁 장소로 해석되어 왔다. 이 장에서는 도시사회의 모든 즐거움과 위험을 동시에 역설적으로 구현한 근대성의 힘이 어떻게 광범위한 지리적 관점에서 근대 도시의 형성에 도움을 주었는지를 살펴볼 것이다.[3]

근대성과 건축 형태

마르크스주의 철학자 마셜 버먼Marshall Berman은 근대성을 "공간과 시간, 자아와 타자, 삶의 가능성과 위험에 대한 경험이라는 생생한 경험 방식 … 돌 하나도 남김없이 뒤집어 놓은 끊임없는 해체와 갱신의 거대한 소용돌이"라고 유명하게 정의했다.[4] '근대성'은 일반적으로 도시 산업자본주의의 문화적 표현, 특히 문화의 동질화와 그것의 일상적 실천으로 여겨진다. 이 용어는 흔히 '근대화'와 혼용되며 경제 및 산업구조, 생산 및 소비 형태, 인구이동, 소통, 정치 형태, 예술 및 대중문화 등에서 새롭거나 가속화되는 변화의 시기를 의미함으로써 새로운 반향을 불러일으킨다. 따라서 근대성은 사회 내의 순식간의 일시적이며 덧없는 모든 것과 합리적이고 불변하며 영원한 모든 것을 동시에 포괄하는 역설적인 의미를 지닌다. 카를 마르크스Karl Marx의 말을 인용하자면, 그것은 결과적으로 "견고한 모든 것이 대기 속에 녹아 버리는" 새로운 상품화된 세계를 만드는 데 기여한다.[5]

도시적 맥락에서 근대성의 경험은 흔히 시간과 공간의 변증법적 관계를 통해 식별된다. 도시는 현대 생활의 가능성과 위험을 예시하며, 이 끊임없이 변화하는 소용돌이를 구현하는 동시에 이 소용돌이에 적극 참여한다. 도시의 형태와 기능은 부단하게 진화하고, 파괴와 재건의 힘에 굴복하며, 근대화 힘과 보존의 힘이 벌이는 투쟁의 중심지다. 샤를 보들레르Charles Baudelaire, 게오르크 지멜, 발터 벤야민 등 수많은 유럽 철학자들의 영향으로 도시의 근대성은 19세기 중반 이후 70여 년 동안 서양 대도시의 출현과 가장 밀접하게 연관되었다. 파리, 빈, 런던, 베를린, 부다페스트 같은 수도와 맨체스터, 시카고 같은 산업도시는 물리적·공간적으로 큰 변화를 겪었으며, 특히 세기말 전후로 진보와 변화, 자유와 불안의 본보기로 두드러졌다.[6]

도널드 올슨Donald Olsen은 《예술 작품으로서의 도시The City as a Work of Art》에서 1850년대와 1860년대 오스만 남작이 파리 도심을 철거하고 재건하면서 어떻게 '어둡고 더럽고 좁은 거리'로 악명을 떨치던 '옛 파리'를 걷어 내고, 풍부하게 호화롭고 장식적인 저택과 카페, 극장, 콘서트홀, 공공 기념물 및 공공건물로 둘러싸인 넓고 곧은 가로수 길을 건설함으로써 의심할 바 없이 '근대성의 수도'로 확립했는지 생생하게 묘사한다. 그렇게 함으로써 거리는 부르주아의 소비, 산책, 감시의 장소로 변모했고, 결과적으로 새로운 도심에서 넓은 빈민 구역을 제거했다. 1859년 이후 빈의 링슈트라세 | 빈 중심부에 위치한 순환도로 | 건설은 마찬가지로 도시의 성벽과 해자를 길고 넓은 시민 및 국가 건물, 호화로운 저택, 열린 공간, 국립 오페라하우스가 들어선 대로로 대체하여 건축적 웅장함과 기념비성 측면에서 파리의 대로들(그랑 불바르grand boulevards)에 버금가는 모습을 보여 주었고, 빈 귀족의 '허영과 스펙터클'을 위한 충분한 공간을 제공했다.[7]

잉글랜드 북부 도시들에서 빅토리아 시대 중산층의 공공 문화를 연구한 사이먼 건은, 버밍엄, 리즈, 맨체스터에서 도시 근대성의 발전을 각 도시의 건축적·공간적 표상적 형태에서 발견한다. 도시는 돌과 벽돌로 재건하는 것만으로는 충분하지 않았다. 인쇄 문화와 예술로 다시 상상되어야 했다. 이들 도시의 중심부가 소매, 상업 및 시민 공간을 갖춘 명확하게 정의된 도심으로 변모하면서, 도시는 사회적 정체성이 형성되고 틀이 잡힌 도시 근대성의 가시적인 사례로 재구성되었다. 시청, 기차역, 창고, 백화점의 건설은 산업도시의 표상이 제조업 장소에서 소비와 전시의 장소로 더 폭넓게 변화했음을 보여 주었다. 신고전주의, 고딕, 이탈리아 르네상스 등 다양한 건축양식을 구현한 도시 건축물의 기념비성은 부와 스펙터클, 숭고함의 이미지를 불러일으켰다. 1840년대부터 지어진 맨체스터의 팔라초palazzo형 창고들은 도시 상업 엘리트들의 야망을 상징했고, 1850년대부터 시작된 주요 공공건물 건축은 자치체 당국의 야망을 경관에 확고하게 각인시켰다. 건이 쓴 것처럼, 이러한 건물들은 "과거에 대한 향수나 근대로부터의 후퇴를 의미하는 것이 아니라" 오히려 "설계, 자재 사용, 최신 기술 시설의 통합 측면에서 근본적으로 근대적인 것으로 이해되었다." 예를 들어, 커스버트 브로드릭Cuthbert Brodrick이 리즈 시청을 위해 설계한 것으로 유명한 값비싼 시계탑 설치는 상업도시 중심부에 시간 규율의 중요성을 강조하는 동시에, 부속 시계탑이 공장 굴뚝 및 교회 첨탑과 도시의 스카이라인을 공유하는 시청의 기념비성을 확립하고, 교회와 같은 전통적인 기관에서 민주적으로 선출된 시의회와 같은 세속적인 기관으로의 권력 이동을 상징했다.[8]

    비록 근대화가 서양식 도시계획의 개념이었을지라도, 이것은 전 세계로 수출되고 비서양 도시의 기존 문화에 맞게 적응하면서 모방과 새로운 형태를 창출했다. 유럽의 계획 모델, 특히 오스만화*와 보자르 전통**은 특히 벨에포크 시대에 중동과 라틴아메리카 도시개발에 큰 영향을 미쳤다. 아르투로 알만도스Arturo Almandoz는 오스만의 파리 대공사가 어떻게 "일부 라틴아메리카 국가들의 공화주의적 통합 기간에 수도들에 도입된 근대화의 주요 상징"이 되었는지를 기록한다. 기존 도시들에 조성된 오스만식 대로와 가로수가 심어진 대로는 도시들을 서구식 근대성의 스펙터클로 변모시켰다. 여기에는 멕시코시티의 파세오 데 라 레포르마, 부에노스아이레스의 팔레르모 공원, 몬테비데오의 아그라시아다 거리가 포함된다.⁹

마찬가지로 오스만제국의 엔지니어들은 새로운 대로를 만들어 그 위에 서양 은행과 백화점들을 (카이로 같은 도시에 르 봉 마르셰와 슈테플 같은 유명한 유럽 백화점의 지점을 포함해) 늘어서게 했다. 또한, 새로운 도시 중산층의 성장을 인식한 19세기 탄지마트('재조직'을 의미하는) 개혁의 일환으로 도시들에 새로운 인프라 편의시설도 설치했다. 여기에는 이스탄불에서 테헤란에 이르는 여러 도시에서 개선된 여객 교통, 공공 조명, 상하수도, 극장, 오페라하우스, 경

---

* 1850~60년대 센 지사 오스만 남작에 의한 파리의 근대적 도시 변화
** 프랑스 국립 미술학교인 파리의 에콜 데 보자르에서 19세기 중반에 가르쳤고 이후 서양 각국에 전파된, 바로크와 신고전주의가 결합한 화려하고 웅장한 건축양식

마장, 공원 등 더욱 조직화된 형태의 '존중받는' 여가 제공이 포함되었다. 많은 새로운 거리가 파리의 원래 거리와 유사함을 나타내기 위해 '리볼리Rivoli 거리'로 명명되었고, 상품과 사람, 아이디어의 원활한 유통을 상징했다. 공공건물 옆에 배치되고 식민 통치의 기념물들이 세워진 대칭적이고 정돈된 유럽식 공공 광장이 알제리 수도 알제(1830)의 다름 광장Place d'Armes부터 다마스쿠스(1866~84)의 알마르제 광장Al-Marjeh Square까지 프랑스령 북아프리카와 오스만제국의 중동 지역 전역에 조성되었다. 베이루트(1897)의 하미디예 광장Place Hamidiyyeh(나중에 유니온 광장으로, 이후 순교자 광장으로 개칭) 시계탑과 같은 일부 시계탑은 아랍어로 된 전통적인 튀르키예 시간과 라틴 숫자로 된 유럽풍 프랑스 시간 등 다양한 시간 표시 방식을 보여 주는 여러 개의 파사드를 갖추었다. 이는 도시와 사회적 관습에 세속적 질서와 규율을 도입하려는 제국 당국의 시도를 보여 줄 뿐만 아니라, 근대적 도시 정체성의 범세계적 특성을 반영한 것이었다. 유럽 모델을 따르는 근대화를 향한 이 긴 여정은 많은 경우 20세기까지 계속되었다. 특히 이스탄불, 카이로 및 기타 도시에서는 빠르게 증가하는 인구, 자동차, 그리고 자본주의 가치를 수용하기 위해 고층 주택단지, 미국식 고층 빌딩, 도시 고속도로가 국가의 승인으로 건설되었다. 더 최근인 20세기 말과 21세기 초에는 두바이, 아부다비, 도하 등 중동의 도시 스카이라인 변화도 나타났다.[10]

서구식 근대화 모델의 확산은 동유럽 도시, 특히 러시아제국의 수도인 상트페테르부르크에서도 비슷하게 발견할 수 있다. 1703년 차르 표트르 대제가 세운 상트페테르부르크는 처음부터 서쪽ㅣ유럽ㅣ으로 눈을 돌린 도시였다. 1900년 인구가 약 150만 명, 제1차 세계대전 직전에는 200만 명이 넘었던 상트페테르부르크는 새로운 이주민들을 끌어들이는 '자력'을 유지하기 위해 끊임없이 재건되었다. 19세기와 20세기 동안 상트페테르부르크는 서구에서 훈련받은 건축가들을 고용하여 새로운 거리를 건설하고 유럽의 문화 수도에 걸맞은 양식으로 공공공간을 구성했다. 새로운 상업 및 문화 편의시설이 외국 자본의 지원을 받아 기존 거리에 추가되었다. "도시에서 가장 중요하고 상징적인 거리"인 네브스키 프로스펙트Невский Проспект에는 1900년대 초 아르누보 양식의 엘리세예프 상점Елисеевский магазин이 건설되었고, 1898년 화재로 소실된 파사주Пассаж 백화점이 개축되었으며, 도시 내 증가하는 차량 통행량에 대응해 아니치코프 다리Аничков мост가 재건되었다. 교육과 예술을 위한 새로운 세속 기관이 설립되었고, 러시아 국립도서관과 같은 기존 기관은 장서를 계속 확충했다. 시민들은 서유럽 패션을 입도록 유도되었고, 도시를 잘 통치하기 위해 유럽식 경찰 체계가 구축되었다. 마크 스타인버그Mark Steinberg는 이 새로운 물리적 환경이 "변화하는 러시아를 세계에 표상하게 할 뿐만 아니라 사람들이 행동하고 생각하고 느끼는 방식을 포함하여 변화 자체에 영향을 미치도록 설계되었다"라고 서술했다. 이는 도시인구의 다국적 구성을 고려할 때 특히 중요했다. 1897년 인구조사에서는 60개 민족(언어 기준)이 이 도시에 거주하는 것으로 확인되었는데, 이들 대다수는 제국에서 태어났으나 러시아어가 아닌 다른 모국어를 사용했다.[11]

이러한 사례들은 근대성에서 도심이 차지하는 중요성을 예시한다. 도심은 다양한 사회적 유형이 만나고 교류할 수 있는 '도시의 심장'으로서, 가시적인 흥분감과 위험성을 동시에 선사했다. 그것은 도시의 주요 상업 및 소매업 공간뿐만 아니라 시청, 도서관, 미술관 및 기타 공공건물이 있는 시민 공간을 구분하였다. 19세기 말과 20세기 초에 도심은 부유한 엘리트나 중산층의 전유물인 여가, 소비, 오락 공간으로 재개발되었고, 이후 문화적 상상력과 판매 상품의 가격 면에서 분리된 공간이 되었다. 비록 네브스키 프로스펙트와 같은 거리는, 스타인버그가 언급한 대로 사업가, 노동자, 존경받는 여성들에 더해 산책가, 게으름뱅이, 술꾼, 댄디, 매춘부, 노숙자 등 모든 유형의 사람들을 포석 깔린 인도를 따라 산책하도록 이끌었지만, 대다수는 가난과 부도덕하다는 이유로 그곳에 늘어선 엘리트 건물들에서 불가피하게 배제되었다.[12]

당시 도심은 경제적 힘과 부동산 가치의 산물이었던 것과 마찬가지로, 소비주의와 분리, 계획에 대한 인간의 개입과 배제, 태도가 만들어 낸 결과물이기도 했다. 도심은 물질적이면서도 상상된 공간이었으며, 최근 역사학 연구는 개별 건물유형(예를 들어, 백화점 또는 고층 빌딩)과 지구 전체 연구를 통해 이를 규명하고자 화재보험 지도, 사업체 안내 책자, 과세 목록, 사업 기록, 신문, 엽서, 사진, 영화, 개인 증언 등 다양한 문헌 및 비문헌 기록을 활용하고 있다. 초점은 이러한 지구를 설계하고 건설한 건축가와 부동산개발업자의 역할뿐 아니라, 도시 거주자와 방문객이 이 새로운 공간과 물질적 기술을 경험한 다양한 방식 모두에 맞춰졌다. 앞서 살펴본 바와 같이, 관련 문헌의 중요한 흐름은 여러 도시 가운데 부다페스트, 빈, 뉴욕에 관한 훌륭한 연구들이 보여 주듯 20세기로의 전환기인 세기말에 초점을 맞추고 있다.[13]

타워 블록, 고층 빌딩, 고급 호텔, 복합상영 영화관, 심지어 냉전시대 관측소 등 제2차 세계대전 이후의 건물유형과 현대의 세계화된 도시 정체성 간의 연관성에도 관심이 높아지고 있다. 가장 야심차게도 세계에서 가장 부유한 두 도시인 두바이와 아부다비의 스카이라인은 1990년대 후반부터 억만장자 석유 부호들의 주도로 놀라운 변화를 겪었다. 정부의 아낌없는 개발 지원과 국제적인 투자에 힘입어 두바이는 국제적 관광객의 화려한 목적지로 변모했으며, 2013년 인구 약 92만 명의 아부다비는 마스터플랜의 일환으로 도시와 연결된 섬을 가로지르는 일련의 '초고층빌딩'(투자은행, 5성급 호텔, 더랜드마크와 스카이타워 같은 복합 오피스 및 주거 단지를 포함)이 국제적 주목을 끌기 위해 경쟁적으로 건설되고 있다. 더 겸손하게 말하자면, 리즈와 같은 오래된 상업 및 산업도시는 도시재생 프로그램의 주요 요소로서 도심의 특정 지역에 고층 건물(주거, 교육 및 오피스 개발 포함)을 전략적으로 개발하고 있어 점점 더 '초고층 도시'로 불리고 있다.[14]

도시 건물과 스카이라인, 그리고 안보와 국제 테러리즘이라는 더 넓은 지정학적 문제 사이의 연관성 역시 점점 더 커지고 있다. 예를 들어, 냉전시대 베를린의 이데올로기 싸움은 도시의 스카이라인을 장악하려는 건축 경쟁으로 진행되었다. 동베를린의 알렉산더 광장과 그 인근에 세워진 도시에서 가장 높은 건물인 368미터의 페른제투름Fernsehturm(TV 송신탑, 1965~1969년 건설)과 125미터의 슈타트 베를린Stadt Berlin호텔(1967~1970년 건설)은 세계 무대에서 성장하는 동독의 위상을 상징했다. 현대 뉴욕은 테러로 파괴된 지 10년이 지난 지금도 세계무역센터와의 관계로 정의되고 있는바, 기념 역사, 전시회, 인기 영화까지 뉴욕 스카이라인의 잃어버린 아이콘에 경의를 표하는 한편, 9월 11일 국가적인 추모 행사와 함께 센터의 초고층빌딩을 재건하려는 계획에 대중의 관심이 집중되었다. 건축사학자 폴 골드버거Paul Goldberger가 명확하게 말했듯이, 흔히 쌍둥이 빌딩으로 불린 세계무역센터 건물은 대중적으로 알려진 대로 근대성과 "선택, 투명성, 가능성, 그리고 무엇보다 끊임없는 변화의 사실 등 근대성이 의미하는 모든 것"을 표상했다. 이 급증하는 문헌들에는 도시의 정체성은 도시의 성장과 변화하는 기능 및 용도의 산물이며, 특히 주목할 만한 건물들이 스카이라인에서 사라진 후에도 대중의 상상 속에 계속 존재한다는 점에 대한 분명한 공감대가 형성되어 있다.[15]

앨리슨 아이젠버그Alison Isenberg는 광범위한 지리적 접근을 취하면서, 적어도 20세기 초 북미 도시들의 전성기에 다운타운이 단순히 도시 부동산과 "과시적인 소비"의 핵심이 아니라, 계급·성별·인종이라는 프리즘을 통해 생산되고 통제되는 "이상화된 공공장소"였음을 설득력 있게 보여 줬다. 아이젠버그는 디자인 자문가가 제작한 도시계획가의 보고서와 컬러 엽서에서 다운타운이 문화적으로 상상된 방식을 검토했는데, 이러한 결과가 종종 소비자, 사업가, 정부 지도자들의 지배적인 태도에 대한 반응이었다고 강조한다. 채색된 '중심가(메인 스트리트)' 그림엽서는 '흉물스럽고' 혹은 '위험한' 물질적 특징(전봇대, 돌출된 전선 및 기타 보도의 장애물들)이 제거된 아름다운 경관을 제공했으며, 포장된 보도와 야간 조명이 설치된 상점 창문 등 거리의 미적 개선도 이루어졌다. 1960년대 이후 급속한 교외화, 자동차의 증가, 인종적 긴장, 폭동, 도시 재개발 시도의 실패로 인한 격변으로 다운타운 지역의 '쇠퇴'가 가속화했음에도 불구하고, 이후 다운타운은 울워스와 같은 전통적인 백화점이 사라진 것에 대한 십난석인 공동체 차원의 강한 향수를 제공하게 되었고, 이는 다운타운이 경제적·문화적 산물이라는 아이젠버그의 주장을 더욱 뒷받침한다.[16]

도심은 또한 중산층 여성들이 쇼핑할 수 있는 새로운 상업 영역을 창출할 뿐만 아니라 노동계급의 여성 판매원에게 경제적 기회를 제공한 백화점의 발전으로 예시되는 것처럼 점점 더 젠더화된 공간이 되었다. 파리의 르 봉 마르셰, 런던의 휘틀리스 엠포리움Whiteley's Emporium, 빈의 슈테플, 뉴욕의 블루밍데일스Bloomingdale's 같은 상점들은 여성들이 자본주의 사회에 적극적으로 참여할 수 있는 깨끗하고 안전한 환경을 제공했다. 주디스 워코위츠Judith Walkowitz, 린다 니드Lynda Nead, 에리카 래퍼포트Erika Rappaport의 영향력 있는 연구들에서 알 수 있듯이, 여성들 역시 새로운 도심의 공동 생산자였는데, 그들은 "전통적으로 교류와 에로틱한 활동 장소, 질서 있는 가정생활과 상징적으로 대조되는 장소"로 상상되던 도심을 존중받을 만한 정당한 여가 공간으로 변화시키는 데 일조했다. 이러한 건물들을 방문하고 전시된 상품을 경탄하는 일은 근대성에 대한 감상을 의미했고, 상품을 구매하는 것은 부르주아 클럽의 정회원 자격을 부여했다.[17]

그러나 여성을 위한 새로운 공간 제공은 긴장과 불안으로 가득 차 있었다. 래퍼포트는 윌리엄 휘틀리William Whiteley가 여성 고객에게 주류를 판매할 수 있는 면허를 신청한 일에 대한 도덕적 반대를 언급했는데, 그의 백화점이 지역에 상업적 이익을 가져다주자 이러한 반대가 사라졌다. 마찬가지로, 편의시설 제공은 젊은 여성 쇼핑객의 개인 안전과 도덕성에 대한 우려를 불러일으켰다. 앤드류 메이Andrew May는 멜버른의 주요 거리에 공중화장실을 설치하려는 초기 움직임에서 여성들이 어떻게 배제되고 찻집이나 백화점에 마련된 시설을 이용하도록 강요받았는지, 어떻게 이것이 필연적으로 많은 노동계급 여성을 배제했는지를 논의했다. 최초의 남성용 공중화장실은 1859년에 문을 연 반면, 여성은 연방의회 투표권과 피선거권을 얻은 해인 1902년까지 비슷한 편의시설을 갖지 못했다. 심지어 당시 공공장소에서 화장실을 이용하는 모습이 목격되는 여성에게는 낙인이 찍혔다. 메이가 서술한 것처럼, "도시는 주로 남성의 공간이었으며, 남녀의 이념적·실제적 역할 분리는 화장실 제공 범위뿐만 아니라 시설 자체의 공간적·시간적 범위에도 반영되었다."[18]

근대성의 현장으로서 거리

지금까지 살펴본 사례들은 거리가 인간의 드라마, 기회, 갈등의 현장이 된 방식을 잘 예시한다. 거리에 대한 접근성은 그 거리에 늘어선 건물만큼이나 사회적 정체성을 반영하고 재구성했다. 거리 자체는 다양한 배경을 가진 사람들이 권리를 놓고 경쟁하는 이데올로기 전쟁터가 될 수 있었다. 실제로 정치적·사회적 갈등의 매개체로서 거리의 역할은 도시 근대성의 정의에 항상 존재하는 자유와 위험에 대한 역설적인 감각을 반영한다. 많은 사례 중 하나만 언급하자면, 1952년 1월 카이로가 폭도들에 의해 불탔을 때 "대다수 카이로 시민들이 감당할 수 없는 배타적 근대성의 상징"이었던 술집, 영화관, 레스토랑, 호텔, 백화점 등 수백 개의 건물이 불에 탄 것은 1922년 이후 이집트를 지배해 온 의회 군주제의 종식을 가져왔다.[19]

거리는 노점상, 매춘부, 부랑자, 동성애자 등 다양한 소외된 사회집단과 그들과 접촉하는 경찰과 자치체 행위자들을 포함한 사람들의 행동을 통해 삶의 방식을 추적할 수 있는 현장이다. 도시사학자들은 신문 기록과 공식 문서를 통해 거리와 기타 공공공간에 대한 개인의 경험을 구체화하고, 특정 장소와 시간에 대한 다양한 소수자의 목소리를 어떻게 추적하는지를 보여 주었다. 20세기 후반 애틀랜틱시티의 뉴욕 애비뉴가 그런 사례였다. 이곳은 한때 부유한 가족들이 즐겨 찾는 관광지로 번성했다가, 1970년대 남성 동성애자 공동체의 '기회를 노린 재구성' 과정을 통해 쇠락한 거리에서 "타운의 가장 흥미롭고 활기찬 장소"로 변모했다. 법적·사회경제적 요인들이 결합하여 애틀랜틱시티는 탈산업화의 고통을 겪었지만, 중산층이 떠나고 공실이 증가하자 사업가들이 값싼 부동산을 사들여 게이 클럽, 레스토랑, 상점, 호텔을 열었다. 브라이언 사이먼Bryant Simon은 '공실'이 '외부성'을 수용할 사회적 공간을 만들었고, 도시의 성적 지형에 더 큰 가시성과 정당성을 부여했다고 지적한다.[20]

그러나 거리는 고정된 공간이 아니며, 시간이 지남에 따라 그 배치와 기능, 의미도 변화한다. 따라서 뉴욕 애비뉴의 게이 전성기는 1970년대 후반 애틀랜틱시티의 사업체와 시민 지도자들이 도시 쇠퇴에 대한 해결책으로 도박을 수용하고, 이 거리를 카지노 목적지로 재개발하면서 짧게 끝났다. 이후 1980년대 중반 에이즈 위기로 게이들이 술집과 같은 공공장소에서 사적이고 가정적인 공간으로 재결집하면서 이러한 현상이 가속화되었다. 그 빈자리를 개발자들이 재빨리 메웠다. 각 카지노에는 슬롯머신과 블랙잭 테이블 외에도 고객들이 건물을 떠나지 않도록 설계된 자체 바, 라운지, 레스토랑, 호텔 객실이 갖추어졌다. 1970년대에 번성했던 게이 중심의 사업체 중 상당수는 이후 새로운 유형의 개인주의 관광객이 이 도시로 몰려들면서 문을 닫았다. 도박꾼들이 "차를 몰고 타운에 와서 우뚝 솟은 다층 카지노 차고에 주차하고 카지노 뷔페에서 식사하고 카지노 바 또는 카지노 현장에서 술을 마신 다음, 다섯 시간 후에 타운을 떠나면서" 거리는 눈에 띄게 조용해졌다.[21]

뉴욕 애비뉴 사례는 개발자들이 거리를 바라보는 방식과 주민들이 경험하는 방식 사이에 더 큰 괴리가 존재한다는 징후이다. 근대 도시계획자는 거리를 사회적 삶과 전통적인 공동체 관계를 맺는 장소라기보다는 상품, 서비스, 사람의 순환을 돕는 통로로 보고 거리의 조감도를 만들었다. 르코르뷔지에Le Corbusier와 프랭크 로이드 라이트Frank Lloyd Wright 같은 모더니스트의 선구적인 작업에 영향을 받은 많은 계획자들은 점점 더 거리를 순환의 장애물이자 근대 도시의 병폐로 여겼다. 그들은 자동차의 시대를 받아들여 도시 고속도로, 순환도로, 다층 주차장을 건설하면서 운전자의 도시 진입과 통행을 도왔다.[22] 이는 로스앤젤레스, 밀라노, 브래드퍼드 같은 서양 도시뿐만 아니라 개발도상국의 도시들, 특히 쿠알라룸푸르, 방콕, 멕시코시티에서도 두드러졌다. 이후의 관련 역사학 연구는 도시 교통계획의 정치성뿐만 아니라 신호등, 도로표지판, 노면 표시의 물질성으로도 관심을 돌렸다. 이러한 '교통 구조물'은 주로 자동차의 순환 속도를 높이기 위해 거리를 흩뜨렸다. 이로 인해 거리는 일상적인 사회적·경제적 상호작용을 위한 개별적인 공간이 아니라, 자동차와 다층 주차장을 연결하는 연결 고리 역할을 하게 되었다.[23]

이러한 기술관료 엘리트들은 크리스토퍼 클레멕이 '도시재생 질서'라고 지칭한 공통된 미적 취향과 전문가 직업 네트워크를 형성했다. 이들은 모더니즘 도시계획을 국제적인 아이디어와 실천 운동으로 받아들였는데, 그 씨앗은 발터 그로피우스Walter Gropius나 한스 블루멘펠트Hans Blumenfeld 같은 저명한 유럽 건축가 및 계획자들이 북미로 이주했던 두 차례의 세계대전 사이 시기에 뿌려졌다. 이들은 주택과 도로 건설에 관한 연방 정책뿐만 아니라 지자체의 지원을 받아 1950년대와 1960년대에 모더니즘이 지배적인 도시계획 방식으로 확립되는 데 기여했다. 이후 모더니즘은 강의실, 회의장, 전문 언론 지면은 물론 거리에서도 자리를 잡았다. 예를 들어, 엘렌 쇼쉬크스Ellen Shoshkes는 영국의 도시계획자이자 편집자 그리고 교사였던 재클린 티르위트Jaqueline Tyrwhitt의 유럽, 아시아, 북미 간 이동을 지도화하여 티르위트가 도시 모더니즘에 미친 개인적·직업적 영향력을 추적했다.[24]

그러나 제인 제이콥스가 상기시킨 대로 거리 조감도는 거리의 생생한 현실을 고려하지 않았다. 재개발이 진행될 때마다 계획자는 "도시의 독립적이고 분리된 요소"인 블록을 선호하여 거리에 등을 돌렸다. 계획자에게 블록은 지도를 그리기에 더 간단하고 치안 유지도 더 쉬웠지만, 거리는 지역을 구분하는 방해물이었다. 그럼에도 거리는 다양한 모습으로 '도심 사용자들'에게 '중요한 단위'로 남아 있었는데, 제이콥스는 논란의 여지가 있는 글에서 다음과 같이 서술했다. 도심 사용자들은 "다운타운에 더 적은 거리가 아니라 더 많은 거리가 특히 보행자를 위해 필요하다는 점을 잘 알고 있다. 보행자들은 건물 블록의 중간지점 로비, 블록을 가로지르는 상점과 은

행, 심지어 주차장과 골목길까지 끊임없이 새롭고 추가적인 통로를 만들고 있다."[25]

그러더니 거리는 점점 더 도심 바깥쪽으로 도시의 가장자리로 밀려났고, 이는 필연적으로 로스앤젤레스의 보일 하이츠와 같은 오랜 소수민족 공동체를 포함한 노동계급 동네가 불도저로 파괴되고 주민 전체가 이주하게 되었음을 의미했다. 일례로 도시사학자들은 전후 영국의 계획자들이 사회적 공간인 전통적인 주거 거리를 기능적이고 실용적인 변용을 꾀해 새로운 고층 주택단지로 재배치하려 했던 방식을 탐구했다. 국제 모더니즘의 건축 아이디어, 특히 앨리슨과 피터 스미스슨Alison and Peter Smithson의 '뉴 브루탈리즘New Brutalist 적'• 고밀도 노출 콘크리트 구조물과 르코르뷔지에의 초기 설계 작품인 〈현대 도시Ville Contemporaine〉(1922)에서 영감을 받아 1950년대와 1960년대 셰필드 파크힐과 맨체스터 홈크레센트 같은 단지에는 우유 수레나 두 명의 어머니가 각각 유모차를 끌고 갈 수 있을 만큼 넓은 12피트 | 약 3.66미터 | 폭의 고가 거리 데크 또는 '하늘 위 거리'가 설계되었다. 이 아이디어는 어머니들이 즐겁게 수다를 떨고 아이들이 야외에서 뛰어노는 사교적인 거리의 잃어버린 세계를 재창조해 보

• 브루탈리즘은 20세기 중반의 건축양식으로 거친 날것 그대로의 건축자재와 구조적 요소를 드러내는 최소주의 특성을 보였다.

자는 것이었다. 또한, 주거 계획에 새로운 과학적 합리성이라는 것을 도입했는데, 계획자에게 관리하기 힘든 '슬럼'의 뒷골목 대신에 새로운 환경과 인간의 상호작용에 대한 더 큰 통제권을 부여했기 때문이다. '하늘 위 거리'는 계획자의 생명정치적 통제의 징후였다. 그들은 효율성과 획일성 원칙을 부동산의 사회적 상호작용으로 미묘하게 확장했다. 매튜 할로우Matthew Hollow는 이 고층 부동산이 "세입자들에게 일련의 규제를 부과하기 위해서가 아니라 오히려 특정 방식으로 행동하도록 장려하기 위해 고안된 권력 기법"을 구현했다고 서술했다.[26]

그러나 후속 연구들이 지적하듯이, 이 '하늘 위 거리'는 기물 파손, 범죄, 사생활 보호 부족이라는 고질적인 문제로 어려움을 겪었다. 처음부터 공공공간인지 사적 공간인지 혼란이 있었고, 이는 현지 경찰이 파크힐의 데크 순찰을 거부하면서 더욱 커졌다. 파크힐의 배치와 개방성은 산책로를 이웃과 함께 머물 수 있는 친근한 공간이 아니라 불편한 바람 터널로 변모시켰다. '하늘 위 거리'는 이후 적절한 사회주택을 제공하려는 국가계획의 실패에 대한 불안을 상징하는 장소로 변했다. 한편, 주택 수준에 대한 세입자들의 불만으로 소비자 권리에 대한 인식이 높아지면서 1960년대 중반부터 세입자 단체가 결성되어 부동산 관리에 대한 참여 확대를 요구하며 싸웠는데, 현지 당국이 세입자 참여를 같은 방식으로 바라보았는지 아니

면 세입자를 통제하는 다른 수단으로 사용했는지 하는 근원적인 문제가 남아 있다.[27]

더 광범위하게는, '도시재생 질서'에 반대하는 공동체의 집결이 하향식 정부 계획이나 젠트리피케이션(점유 인구가 떠나고 부유하고 대개 백인인 인구로 대체하는 도시재생)에 맞서 동네 보존을 촉진하고자 했다. 주목할 만한 사례로는 애틀랜타, 필라델피아, 멤피스, 내슈빌 등의 도시에서 일어난 고속도로 반대운동, 제인 제이콥스가 거주했던 뉴욕 웨스트 빌리지의 재개발 계획, 쾰른의 초콜릿 공장 재개발 계획, 1970년대 바르셀로나의 동네협회가 조직한 주택 개혁운동 등이 있다. 노동계급, 신좌파 학생, 노동조합 출신의 완전히 새로운 세대의 풀뿌리 활동가들이 등장해 자신들의 동네에서 더 높은 수준의 참여 계획을 요구하며 도시계획자 및 시민 공무원들과 싸웠다.[28]

거리가 도시의 근대성을 상징했다면, 개발도상국 도시에서는 거리가 새로운 지역에 뒤늦게 추가되는 경우가 많아서 문제가 더 복잡해졌다. 1930년대와 1960년대 사이에 거의 2천 개의 도로가 도시의 합법적 도로망에 추가된 리우데자네이루의 20세기 중반의 놀랄 만한 성장은 이곳의 도시화에 영향을 미친 속도감과 혼란을 보여 준다. 하지만 이는 공식적인 수치로, 리우의 공식적인 경계선 밖에 자생적으로 건설된 공동체에 추가된 규제되지 않은 더 긴 거리의 자체적으로 만들어진 도로는 고려하지 않은 수치다. 1960년대 초, 리우

의 원주민 지역인 카리오카 거리의 절반 이상이 비포장 상태로 남겨졌고, 파벨라 | 슬럼 | 에는 포장도로가 미지의 사치품이었다. 마찬가지로 20세기 초 상하이의 판자촌은 거리를 만들 공간이 부족했는데, 예를 들어 야오슈이롱藥水弄 주택은 개발규제 없이 지어졌고, 여유 공간은 곧 짚으로 만든 판잣집으로 채워졌으며, 남은 공간은 두 사람이 겨우 어깨를 맞대고 지나갈 수 있는 좁은 골목으로 사용되었다.[29]

식민 도시는 빈부격차의 극심한 불평등을 통해 도시 근대성의 위험과 가능성을 보여 준다. 인도의 뭄바이/봄베이와 콜카타/캘커타, 모로코의 라바트, 남아프리카의 케이프타운에 대한 역사적 관심은 19세기 말과 20세기 초 이들 도시가 근대 대도시로 인식되기 시작한 시기에 도시 근대성이 공간적·상상적 경관에 어떻게 각인되었는지에 대한 복잡한 그림과 결합해 있다. 프리티 초프라Preeti Chopra가 설득력 있게 주장하듯이, 봄베이는 단일한 식민지 비전을 염두에 두고 건설된 게 아니다. 오히려 식민 통치자, 유럽의 상공업 엘리트, 유럽과 인도의 엔지니어와 건축가, 파시교Parsi | 페르시아계 조로아스터교도 | 자선가들의 공동 사업을 통해 구상되고 건설되었다.

초프라는 1892년 봄베이 자치체의 수석 엔지니어로 임명되기 전에 시 공공사업국에서 일했던 파시교도 엔지니어 칸 바하두르 문체르지 코와지 무르즈반Khan Bahadur Muncherji Cowasji Murzban(1839~1917)의 흥미로운 사례를 논의한다. 그녀는 무르즈반을 "식민지 봄베이

의 공공건물과 인프라 건설에서 대부분의 작업을 수행한 조용하고 보통은 눈에 띄지 않는 원주민 다수"의 일원으로 묘사한다. 인도 총독부가 운영한 공과대학에서 교육을 받은 무르즈반은 영국 토목 엔지니어 협회와 영국 왕립 건축가 협회 회원 자격을 취득하며 영국과 식민지를 매개하는 '성공적인 중개자'가 되었다. 그는 1870년대 중반에 유럽 전역을 여행한 후 봄베이로 돌아와 국가기록청과 바이람지 지지보이Byramjee Jeejeebhoy | 인도 자선사업가 | 의 파시교 자선기관 등 여러 중요한 공공건물을 설계했지만, 그의 작업은 건축 잡지에서 주목받지 못했다. 무르즈반은 서양에서 영감을 받은 훈련과 해외여행, 그리고 지역 파시교 공동체를 위한 종교 및 자선 활동을 통해 "거의 같지만 완전히 똑같지는 않은" 혼종적 근대성을 누렸다. 당시 공식 사진에서 그는 항상 터번을 두른 모습으로 매우 잘 알려져 있다.[30]

'오스만주의'에도 불구하고 대부분의 기존 도시가 상당한 규모의 역사적 중심지를 유지하고 있는 중동 도시들의 경우에도 유사한 '혼종적 근대성'을 확인할 수 있다. 20세기에는 고대 원주민 지역의 고풍스러운 경관을 보존하기 위해 엄격한 구역 관리가 도입되었고, 알제, 카이로, 페스 등지에서는 역사적 기념물들이 보존 대상으로 지정되었다. 마들렌 위에동Madeleine Yue Dong은 20세기 베이징(또는 1928~1949년에 개칭된 베이핑)의 도시 유산에도 비슷한 관심을 기울였다. 국민당이 수도를 난징으로 옮긴 후 1930년대 초 베이핑은 오래된 황궁, 성벽과 성문, 옛 황실 정원 등 풍부한 건축 유적과 다수의 역사적인 도서관을 보유한 '근대화한 세계의 대도시'로 다시금 브랜드화되었다. 1934년에는 자치체 차원의 외국인 관광객 유치 계획이 수립되었는데, 여기에는 도시 내 역사 유적지에 대한 접근성을 높일 복원과 수리 프로그램이 포함되었다. 자치체 정부, 현지 상인, 철도 회사가 공동으로 자금을 조달한 이 대규모 프로젝트를 지원하고자 여행사 네트워크와 안내 책자(영어, 프랑스어, 일본어)가 마련되었다. 이 계획은 이후 일본과의 전투 재개와 뒤따른 국공 내전으로 중단되었으나, 도시의 유산을 낙후성의 상징이 아니라 특정 도시의 자산으로 간주하는 도시 근대성에 대한 대안적인 시각을 제시한다.[31]

도시 생활의 경험적 특성

앞서 살펴본 바와 같이 근대성은 단순히 도시의 건축 형태에만 뿌리내린 것이 아니라, 도시의 문화적 경관에서도 식별되었다. 사람들이 도시의 거리와 기타 공공공간을 경험하는 방식은 근대 도시 생활의 찰나적 본질의 중심이었다. 근대 대도시는 도심의 근대적인 상가이든 어둡고 음침한 슬럼의 뒷골목이든, 거리를 걸어야만 가장 잘 경험할 수 있는 스펙터클로 점점 더 많이 묘사되었다. 그래야만 부와 비참함의 역설을 개인이 진정으로 이해할 수 있었다. 도시 주민들은 이렇게 도시를 거닐면서, 1870년대 부다페스트의 신혼부부 초르바Csorba처럼 소방관들이 목숨을 걸고 다른 사람의 생명을 구하는 모습부터 자살자들이 높은 다리에서 뛰어내려 일시적으로 군중에 존재를 드러내는 모습까지 대도시 문화를 가장 폭넓게 경험할 수 있었다. 결과적으로 초르바 부부가 일기에 자신들의 경험을 기록한 것은 그러한 사건이 그들의 일상생활에 얼마나 중요한 의미를 지녔는지, 한 부부의 공적 삶과 사적 삶이 어떻게 겹칠 수 있었는지를 보여 준다.[32]

문학계에서 플라뇌르flâneur로 불리는 산책자는 일반적으로 도시 생활의 모든 영역을 자유롭게 출입하고 관찰할 수 있는 근대성의 남성 상류층 행위자라는 젠더화한 용어로 묘사된다. 시인 샤를 보들레르가 "도시를 경험하기 위해 도시를 걷는 사람"으로 처음 묘사한 이 단어는 오스만화로 변모한 파리 거리를 배회하는 남성 산책자 계층을 지칭했다. 이후 이 용어는 지멜과 벤야민에 의해 지루함과 나태함, 산만함, 그리고 근대 생활에 대한 열광으로 특징지어지는 새로운 그리고 대체로 남성적인 대도시적 정신상태의 구현이라는 사회학·심리학 용어로 코드화되었다. 플라뇌르는 도시를 구성하는 공간의 소비자로서, 도시 생활의 냉정한 관찰자이자 젠더된 공간으로서 도시 생활의 재현에 참여하는 사람이었다. 일의 압박에서 벗어나 도시를 탐험하는 여유로운 사람인 동시에, 일하는 사람으로서의 책임감이 없는 게으름뱅이였던 플라뇌르는 필연적으로 기존의 도시 관계와 사회적 관습에 위협적인 존재로 여겨질 수밖에 없었다.[33]

역사가들이 묘사한 대부분의 플라뇌르 유형은 찰스 디킨스Charles Dickens, 헨리 제임스Henry James, 히라데 코지로平出鏗二郎, 표도르 도스토옙스키Fyodor Dostoevsky 등 근대 도시 생활의 몽환적인 성격을 성찰했던 작가들 자신이었다. 도스토옙스키는 신문 칼럼과 소설 자료 조사차 도시의 거리를 정처 없이 돌아다니며 상트페테르부르크의 경관을 탐험하는 "플라뇌르와 신문연재물 작가의 이중적 역할"을 수행했다. 그는 "병들고 이상하고 우울한 상트페테르부르크"에 대해 썼지만, 그의 작품은 삶에 대한 열망과 꿈을 이루기를 희망하는 사람들을 끌어들였다. 플라뇌르는 또한 도시 생활을 폭로한 언론인들과 사회과학자들의 작업, 그 가운데 두 명만 언급하자면 스테드W. T. Stead와 심스G. R. Sims의 작업을 설명하는 데도 사용되었으며, 전 세계 도시에서 발행되는 일간지에서 활동하는 점차 늘어나는 익명의 언론인 집단도 그 역할을 담당했다.[34]

이것은 어떻게 플라뇌르가 안내 없이 걸을 것으로 예측되지 않았는지를 보여 준다. 인쇄된 안내 책자 및 보행자 친화적인 지도와 함께 대중 신문산업의 발달은 플라뇌르가 거리를 돌아다니는 데 도움을 주었다. 베를린과 상트페테르부르크와 같은 근대 대도시는 대량생산된 신문에 의존했는데, 도시의 중심 거리 곳곳에 배포된 신문들은 대중적 문해력 시대에 대도시적 존재의 스펙터클을 공동으로 생산하고 반영했다. 타블로이드 신문은 매일 여러 판이 발행되어 근대적인 디자인 기법(굵은 헤드라인, 큰 서체, 대문자 머리글, 큰 텍스트 열의 획일성을 깨는 부제목)을 구현하고, '지리적 장소로서의 도시'라는 개념에 물질적 형식을 제공했다. 신문들은 근대 도시 생활의 '일시적 특성'을 구현하는 '찰나적 보도'(가십성 연재 스케치, 단편소설, 사교 행사 프로그램, '실제' 목격담 등)를 제공했다. 또한, 화재, 전차 사고, 강간, 칼부림, 체포 등 도시의 거리에서 발생한 사건에 대한 연대기적 기록을 매일 제공한바, 이러한 사건들이 발생한 정확한 장소와 시간을 포함한 기록은 플라뇌르가 해당 장소를 찾아 방문할 수 있도록 함으로써 물리적 공간과 표상적 공간으로서의 거리 사이에 물질적 연결 고리를 제공했다.[35]

이와 같은 연구들은 언론인, 소설가, 예술가, 사진가, 영화제작자 등 다양한 사람들이 거리와 주변 사람들을 관찰하고 기록하는 데 어떻게 타고난 관심을 가졌는지를 보여 준다. 지가 베르토프Dziga Vertov의 뛰어난 다큐멘터리영화 〈카메라를 든 사나이〉(1929)에서는 미하일 카우프만Mikhail Kaufman이 연기한 무명의 카메라맨이 전형적인 소련 도시의 '일상적 하루'를 기록한다(모스크바, 키예프, 오데사 등 다양한 배경에서 촬영이 진행되었다). 그는 근대 도시 생활의 속도와 긴박함을 보여 주는 기억에 남는 여러 장면에서 선로에서 돌진하는 기차를 촬영하고, 질주하는 마차와 경주하며, 긴급 출동하여 거리를 내달리는 소방차와 동행해 도시의 위태로움과 위험을 거리를 질주하는 긴장감과 병치했다. 특히 '도시'가 깨어나고 전차를 타고 출근하는 사람들로 거리가 활기를 띠는 모습을 통해 관객에게 끊임없이 움직이는 거리 생활의 이미지를 제공했다. 회전문, 엘리베이터, 전화 부스를 드나드는 사람들의 모습을 담은 일련의 장면들은 도시에서 움직임이 갖는 중요성과 함께 찰나의 사회적 상호작용의 증가를 규제하는 근대 기술에 대한 도시의 의존성을 표상한다. 도시와 신체의 관계(위생, 아름다움, 운동이라는 주제가 반복되는 장면에 등장)도 탐구되는데, 여기서 카메라맨의 시선은 명백히 남성의 시선이며, 그 정체성은 여성에 대한 성적 대상화로 구성된다. 카메라는 스타킹과 브래지어를 조이며 옷을 입는 젊은 여성을 노골적으로 응시하고, 로잉머신 l 노 젓는 운동기구 l 에서 운동하는 여성의 가슴골에 초점을 맞추며, 오데사 해변에서 일광욕을 즐기는 수많은 반바지 그리고/혹은 토플리스 차림 여성들을 확대하여 담는다.[36]

역사학자들은 최근 몇 년 동안 남성 플라뇌르의 규범적 정체성에 도전해 왔다. 우리는 이미 19세기 후반에 여성이 특정 공간의 건설에 적극적으로 관여하게 된 과정을 살펴보았다. 주디스 워코위츠는 플라뇌르를 중심으로 한 연구에서 벗어나, 특히 1880년대부터 새로운 여성 집단이 주로 서양 대도시들에서 어떻게 도시 산책자, 관객, 소비자로서 더 중요한 역할을 수행해 왔는지를 보여 주었다. 여기에는 앞서 설명한 근대 도시의 중심지를 재편하는 데 일조한 '쇼핑하는 여성들', 여성 뮤직홀 관객과 (남성 역할을 한) 넬리 파워Nelly Power 같은 공연자, 저소득층 주거지역에서 새로운 유형의 '도시 탐험가' 역할을 한 자선 활동가와 간호사, 남성에게 의존하지 않고 스스로 삶을 개척할 만큼 독립적이었던 새로운 유형의 일하는 여성을 대표하는 '영광스러운 노처녀'와 '신여성'이 포함되었다. 플뢰뇌르의 레퍼토리를 바탕으로 연결된 이 여성들은 근대 도시를 공동으로 생산하고 소비하는 데 기반을 둔 여성의 시민 생활 참여라는 새로운 시대를 열었다. 여기서 베르토프의 영화에 등장하는 다양한 장면을 인용할 수 있다. 전화 교환소와 담배 공장에서 일하는 젊은 러시아 여성들이 서구식으로 머리와 손톱을 다듬고, 오데사 해변에서 카메라맨(아마도 남성 관찰자를)을 응시하는 모습은 새롭게 권한을 부여받은 독립적인 여성이 남성의 시선을 전복하는 증거이다.[37]

게이 남성들 역시 명확하게 정의된 공간을 배회하는 사회적 관행을 성적 쾌락을 위해 활용함으로써 플라뇌르의 규범적인(즉, 이성애적인) 시선을 전복할 수 있었다. 비이성애적인 성적 만남의 경계를 설정하고, 성소수자에게 공간적 표현을 부여하는 데 공공공간의 설계와 배치가 어떤 역할을 했는지는 다양한 연구들로 입증되었다. 조지 천시George Chauncey가 주장한 것처럼, 공원과 해변, 화장실, 거리 등 공공공간은 동성 관계를 추구할 때 흔히 가족과 이웃의 감시를 피해야 하는 게이 남성에게 매우 중요했다. 플라뇌르처럼 게이 남성들은 뉴욕의 센트럴파크와 같은 공공장소 주변을 자유롭게 이동하기 위해 천천히 돌아다니는 다양한 전술을 사용했고, 그곳에서 가족 기반 공간으로 추정되는 장소들을 전유할 수 있었다. 여기에는 뒤돌아보는 시선, 고정된 시선, 접촉을 시작하는 겉보기엔 일상적인 관행(특정 공간에서 성냥을 구하거나 시간을 묻는 것 같은)과 같은 하위문화 코드와 한적한 장소 이용이 포함되었다.[38]

상업 공간도 익명성을 통해 안식처를 제공할 수 있다. 예를 들어, 데이비드 처칠David Churchill은 1950년대 토론토 다운타운의 호텔 바가 어떻게 중산층 게이 남성들에게 안전한 만남의 기회를 제공했는지 이야기하는데, 게이 남성들이 핵가족을 기반으로 하는 사회구조에 위협적인 존재로 여겨지던 시대에 호텔 바는 "독신 남성이 갈 수 있고 이상해 보이지 않는 곳"이었기 때문이다. 군중의 모호함, 호텔 바의 익명성, 그리고 밤에 공원을 찾아 성관계를 할 수 있게 한 어둠은 게이 남성들에게 어느 정도 안전을 제공했지만, 잠복 중인 경찰관에게 체포되거나 동성애 혐오자들의 물리적 폭력 위협을 받을 위험을 증가시킬 수도 있었다. 이는 공간이 대도시 근대성의 문화적·사회적 형성을 구성하는 요소임을 더욱 잘 보여 준다. 매트 홀브룩Matt Houlbrook이 주장한 것처럼, "남성의 성적 관행과 정체성은 도시에서 일어나는 것뿐만이 아니라 그것들이 다시금 형성하는 근대 도시 생활의 물리적·문화적 형태에 의해 형성되고 유지되었다." 1930년대에 런던으로 이주해 도시의 댄스홀과 터키식 목욕탕에서 자신의 성적 정체성을 발견한 익명의 젊은 남성 시릴 L.의 이야기를 통해 홀브룩이 규명한 것처럼, 도시는 성적 만남과 자아 발견의 새로운 기회를 제공하기도 했지만, 시릴이 무질서한 집을 유지하도록 돕고 방조한 혐의로 체포된 것과 같이 성적 탄압과 침범적인 치안을 의미하기도 했다. 게이들의 삶은 사랑, 사교성, 시민권이라는 모순적인 경험과 두려움, 죄책감, 고립감이 뒤섞여 형성되었고, 도시는 해방감과 소외감을 동시에 안겨 주었다. 그러나 위험에도 불구하고 시릴과 같은 남성에게 "사생활은 공공장소에서만 보장될 수 있었다."[39]

타블로이드 신문 역시 동성애 장소를 지도화하고, '퀴어'의 삶에 대한 대중의 지식을 형성하는 데 중요한 역할을 했다. 타블로이드 신문은 시릴에 대한 사적인 세부 정보를 게재해 그를 모욕하고 신문 독자들에게 위험한 지하 세계를 폭로한다. 그러나 동시에 홀브룩은 이 신문 기사를 "어떻게 남성들이 도시에서 자신들을 위한 공간을 만들고 자신들의 욕망을 이해하고 조직했는지"를 제시한 것으로 독

해했다. 1950년대 토론토의 게이 남성 경험에 대한 타블로이드 지리학 연구에서, 처칠은 마찬가지로 토론토의 타블로이드가 경찰 체포에 대한 정기적인 보도와 가십성 칼럼을 통해 "범법적인 성에 대한 관음증적 엿보기"를 제공함으로써 독자들에게 게이 장소를 친숙하게 만들고 다른 남성과의 성관계를 갈망하는 게이 독자들에게 가이드 역할을 하는 '캠프 코드' | 하위문화, 특히 동성애자 공동체에서 통용되는 암묵적 규칙 또는 신호의 집합 | 를 활용했다고 주장했다.[40]

이 장에서는 서양과 비서양 도시들의 역사에서 근대 도시의 생활 방식이 어떻게 그려져 왔는지 논의했다. 이를 통해 도시 근대성의 역설적 특성을 근대 도시 생활의 물리적/공간적, 경험적 특성을 탐구하는 실제적 방법으로 드러냈다. 이 분야의 확고한 전통과 마찬가지로, 출간된 역사서의 대다수는 근대 도시의 건설 과정을, 그리고 다양한 수준의 자유를 가진 개인이 특히 다양한 모습을 한 플라뇌르가 도시를 이동하는 과정에서 수행한 역할을 검토하면서 사례 연구 접근법을 취했다. 비록 많은 연구(특히 개발도상국 도시에서 서양 도시계획 모델의 채택을 탐구한 연구들이)가 광범위한 비교 틀 내에서 사례들을 다루고 있지만, 놀랍게도 명시적으로 비교하는 연구는 거의 없었다. 비교 연구를 통해, 특히 근대적 삶을 보도하는 데 사용된 언어 유형을 조사하는 연구를 통해 도시의 문화 경관이 어떻게 구성되었는지 더 자세히 알아 보는 것은 흥미로울 것이다. 예를 들어, 일상생활에 대한 신문 보도를 국가 간 비교 연구하는 것은 도시를 이해하는 데 공통된 언어가 있었는지를 밝히는 데 가장 유용할 것이다. 작은 타운들과 지방 도시들에 관한 추가 연구는 대도시와 수도에 국한된 근대성에 대한 기존 지식을 확장할 것이며, 거대한 대도시의 근대성이 지방 도시들에서 어떻게 수용·적응·저항되었는지를 조사하면 비非대도시적 형태의 시민 정체성에 대한 흥미로운 통찰을 얻을 수 있을 것이다.

6장 초국가적 도시사

1990년대 이후 초국가적transnational 역사의 부상은 사회학자 울리히 벡Ulrich Beck이 묘사한 "국가 정치에 부합하지 않는 세계와 현지 문제의 새로운 변증법"이라는 유명한 말에 크게 부응했다.[1] 초국가적 연구는 근본적으로 초학문적인 주제로서 이동 과정과, 인류학자 아르준 아파두라이Arjun Appadurai가 국가 간 '흐름의 공간'이라고 부른 것의 생성에 본질적인 관심을 가졌기에 글로벌 흐름과 이동 내에서 '이동하는 주체'를 찾고 추적하고자 했다.[2] 도시 민족지학자 마이클 피터 스미스Michael Peter Smith는 출발지, 체류지, 목적지의 지점들에서 다양한 사회 행위자 간의 다중적 연결을 나타내기 위해 '트랜스로컬translocal'이라는 용어를 선호하며, 더 나아가 초국가주의는 '아래로부터'뿐만 아니라 '위로부터' 일어나는 다차원적 이동, 동기, 인터페이스 과정이며, 혼종적인 사회적·문화적 실천을 생산하는 현지 행위자(인간과 비인간, 도시 포함), 문화 그리고 정체성을 포함한다고 지적한다. 스미스는 초국가적 실천을 역사화하는 중요성을 인식하는바, 그것이 국민국가와 현지 공동체 사이, 그리고 그 내부에서 권력관계의 장기적인 연속성을 보여 주는 동시에 초국가주의가 신자

유주의적 세계화의 최근 부산물이 아니라 근대 생활의 반복적인 특징임을 상기시키기 때문이다.³

도시와 타운은 역사적으로 서로 경쟁해 왔으며, 특히 18세기부터 민족주의 운동이 출현한 이래로 공식적 또는 비공식적 조약, 동맹 및 네트워크를 통해 점차 협력해 왔다. 도시와 타운들은 사회를 통치할 수 있는 효과적인 방법에 대한 지식과 경험을 집합적으로 공유해 왔다. 세계는 여전히 국민국가에 의해 정의되고 있는데, 특히 중국, 브라질, 인도와 같은 신흥 강국들의 도전에 위협받는 서양 국가들의 국내 정치의 위축 시대에 이러한 상호연결은 국가 정치인들이 가장 중요하다고 생각하는 국가적 문제, 국가적 해결책 및 국가적 권력 강화에 비하면 부차적인 것으로 남을 것이다. 하지만 정치학자 제프리 셀러스Jeffrey Sellers는 다음과 같이 상기시킨다.

세계가 아무리 글로벌화되어도 로컬은 일반적으로 개인과 가장 가까운 분석의 층위로 남는다. 정책의 효과적인 특성, 시장과 계급 형성의 역학, 정치적·시민적 참여 기회, 정체성의 일상적 구성은 모두 이러한 미시적 수준에서 분석되어야만 완전히 이해될 수 있다.⁴

도시사에 대한 초국가적 접근법은 이 책에서 이미 탐구한 주제를 보완하여 사회적 정체성을 창출하고, 새로운 거버넌스 체계를 생성하며, 도시계획과 건축 및 도시적 생활 방식에 대한 근대적인 사고방식과 문화를 전파하고, 최상의 환경적 실천들을 공유하는 데 도움이 된다. 가장 새롭고 가장 덜 발전한 하위 분야로서 도시사는 차세대 학문 활동에 상당한 영향력을 발휘할 것으로 보인다. 이는 창의 도시creative cities에 관한 증가하는 문헌에서 볼 수 있듯이, 혁신적인 실천, 기술 및 창의적인 도시 전문가(과학자, 엔지니어, 디자이너, 계획 자문가 등) 집단의 출현과 확산을 설명하는 데 도움이 되기 때문이다.[5] 인류학, 사회학, 경제학, 정치학, 지리학 등 여러 학문의 접점에 놓인 주제라는 불확정성은 역사 연구의 여러 분야에 걸쳐 연결을 구축하는 데 익숙한 도시사학자들에게 자연스러운 동반을 가능하게 한다. 초국가적 역사는 비교 방법론의 중요성을 더욱 확고히 하는 동시에, 역사학자들이 유럽도시사학회(EAUH), 미국도시·지역계획사학회(SACRPH), 국제계획사학회(IPHS) 같은 국제 학회들이 주최하는 학술회의를 비롯해 국가를 넘나드는 협력적이고 학제적인 연구 활동에 참여하도록 장려한다. 이 장에서는 역사 연구에서 초국가적 전환의 의미와 진화를 추적한 다음, 전통적으로 아이디어와 영향의 초국가적 순환에 관심이 많은 도시계획에 대한 역사학 연구를 중심으로 도시사학자들이 초국가적 접근법을 연구에 활용한 몇 가지 방법을 논의할 것이다.

초국가주의
생각하기

초국가적 전환은 특성상 도시사학자들 사이에서 열렬한 추종자들을 확보하고 있는데, 도시사와 초국가적 접근법 모두 국민국가와는 거리감이 있으나 국민국가와 연결된 역사적 관심사의 대안적 지점을 추구하기 때문이다. 셀러스가 야심 차게 꿈꾸었던 분석 단위로서의 국가를 완전히 대체하는 것이, 지난 수백 년간 근대 국민국가의 부상과 도시와 국가 간 상호연결성에 의해 매우 강하게 형성되어 온 이 학문에서는 쓸데없는 일이 될 것이기 때문이기도 하다. 1970년대 초에 샘 배스 워너 주니어는 이를 인식하고 "우리의 도시사는 국가의 성장과 그 조직 단위들의 성장이 가져온 갈등과 가능성의 역사이다. 그것은 또한 경제와 도시의 발전에서 비롯된 이러한 단위들의 증가하는 상호연결성의 역사다"라고 선언했다.[6] 비록 그가 시카고, 로스앤젤레스, 뉴욕의 동시대적·역사적 경험을 명시적으로 언급했을지라도, 워너의 발언은 도시사학자들 사이에 널리 퍼져 있는 공감대를 반영한다. 초국가적 역사학 분야의 선도적인 학자 중 한 명인 피에르이브 소니에Pierre-Yves Saunier가 웅변적으로 표현했듯이, "역사는 … 너무 오랫동안 국민국가의 시녀였기에 역사가들이 국가의 틀을 무턱대고 무시할 수 없었다".[7]

그런데 역사적 변화에 관한 전적으로 국가적인 설명을 배제하고서 국가 내부와 국가들 사이의 다양한 경험을 찾는 것은 주류 역사가 확립한 전통적인 사회적·경제적·정치적 경계를 가로질러 다양한 민족, 사상, 상품, 문화, 장소 간의 증가하는 연결과 얽힘을 설명하는 데 더 유용해지고 있다. 일부 역사학자들은 비교를 설명하기 위해 '세계사' 또는 '글로벌 역사'라는 명칭을 선호하지만, 초국가적 역사는 이러한 거시사적 접근 방식과는 다른 걸 추구한다. 초국가적 접근법은 글로벌 무대를 가로지르는 역사적 변화를 평가하기보다 전 세계 국가, 지역 및 현지 사이의 공간과 그 안에 거주하는 사람들을 파악하고 설명하고자 한다. 이를 적용하면 역사학자는 제도적 네트워크의 형성, 구성, 상호작용 및 사상과 이념의 확산과 흐름을 포함한 역사적 과정을 설명할 때 현지, 국가, 지역 규모 간의 관계를 고려할 수 있다. 소니에와 아키라 이리에Akira Iriye는 다음과 같이 말한다.

우리는 연결과 흐름에 관심이 있으며, 정치와 사회를 넘어서고 가로지르고 관통하여 그 위에서 그 아래에서 혹은 그 사이에서 작동하는 사람, 아이디어, 제품, 과정 및 양상을 추적하고자 한다. 근대에 교차, 통합 또는 전복된 단위들 가운데 첫째로 그리고 무엇보다도 중요한 것은 국가인데, 우리의 연구가 대략 19세기 중반부터 오늘날까지 국가가 인류의 정치적·문화적·경제적·사회적 삶의 주요 틀로 인식되고 권한을 부여받게 된 순간을 다루기 때문이다.[8]

이 인용문은 초국가적 역사의 정의에 대한 암묵적인 혼란과 그 이론적·방법론적 변형을 잘 보여 준다. 일부 역사학자들은 '글로벌'사와 '세계'사를 같은 주제로 보는 것과 같은 방식으로, '초국가적' 역사와 '국제'사를 함께 묶어 놓았다. 또 다른 이들은 초국가적 접근법이 "국가 간의 상호작용을 연구하는 학문"으로 남아 있는 국제사와 국가 간 분야를 구별하기 위해 주조되었다고 주장한다.[9] 2006년 《미국 역사학 비평American Historical Review》지에 실린 당시에는 신생 주제였던 초국가적 역사에 대한 특별 '대담'에서 여섯 명의 역사학자는 역사 연구에서 초국가적 역사의 의미와 가치를 토론했다. 이 대담에서 크리스토퍼 베일리Christopher Bayly는 '초국가적transnational'이라는 말을 국민국가가 아닌 제국, 도시국가, 디아스포라가 세계의 넓은 지역을 지배했던 1850년 이전의 역사적 과정을 설명하는 '제한적인 용어'로 간주했다. 다른 대담 참여자들은 오늘날 우리가 이해하는 것과 유사한 초기 상황과 과정을 이해하기 위해 비교적 맥락과 장기적인 틀에서 이 용어를 사용하는 것을 더 편안하게 생각했다. 예를 들어 패트리샤 시드Patricia Seed는 초국가적 역사가 집단, 상품, 기술, 사람의 이동을 시간을 가로질러서뿐 아니라 공간 간에 비교하는 데에도 유용하다고 선언했다. 따라서 초국가적 역사는 역사적으로나 지리적으로 상대적인 접근 방식이며, 도시사와 마찬가지로 인간 행동을 구조화하고 표현하는 공간의 생성과 사용에 관심을 둔다.[10]

초국가적 역사의 형님 격인 세계사와 글로벌사는 그 자체로 많은 논의의 대상이 되어 왔는데, 전자는 오래전부터 이어져 온 지역 연구의 산물이며, 후자는 1970년대 이후 경제학자와 정치학자 사이에서 부상한 세계화 연구의 정치적 뿌리와 관련이 있다. 도시사 분야에서 확고한 명성이 있는 스벤 베커트Sven Beckert는 글로벌 역사, 세계사, 국제사, 초국가적 역사가 대조되는 것보다는 공통점이 더 많다고 다음과 같이 설득력 있게 주장한다. "이 모든 역사는 하나의 국민국가, 제국 또는 기타 정치적으로 정의된 영토를 초월하는 인류 과거의 측면들을 재구성하는 프로젝트에 참여하고 있다."[11]

이러한 초기 정의상의 혼란은 경험적인 역사가 등장하면서 다소 완화되었다. 점점 더 많은 역사학자가 이러한 혼종적 공간을 연구에 수용하면서 초국가적 역사는 역사 연구의 하위 분야로 더 잘 인식되고 있다. 그와 동시에 초국가적 역사는 도시사처럼 역사가 오래된 기존 분야와도 얽히게 되었다. 최근 역사 학술지들은 도시의 초국가적 주제를 다룬 특별호를 발간하고, 도시학 학술지들은 역사적 사례 연구뿐만 아니라 역사적 맥락에서의 국제적 네트워크에 더 공공연한 관심을 기울이고 있으며, 학술 출판사들은 이 분야의 총서 시리즈를 출간하고 있다. 유럽도시사학회를 비롯한 여러 학회의 학술대회에서는 초국가적·국제적·글로벌 주제를 다루는 패널 토론이 정기적으로 열린다.[12] 이제 도시사와 초국가적 역사 사이에는 정기적이고 풍부한 교류가 이루어지고 있어 두 분야를 구분하는 것은 불가능하고 불필요할 정도이다.

도시사에서 초국가적 변수 찾기

계획사학자들은 자신들의 연구에 초국가적 접근법을 적용하는 데 가장 유익한 경험을 해 왔으며, 근대 계획의 국제적 교류사에 관한 풍부한 문헌이 있다. 이 역사학 연구에서 초국가적 접근법의 혜택을 받은 세 가지 주요 영역은 첫째, 1914년까지 이어진 국제적 계획 협회 문화의 부상, 둘째, 1945년 이후 수십 년간 이 문화의 부흥, 셋째, 20세기 도시계획과 식민·탈식민 국가 사이의 관계이다. 이러한 문헌은 본질상 비교적이고 통시적인 접근 방식을 취한다. 또한, 역사학자와 실무 계획자 간의 대화를 포함하는 학제적인 접근 방식을 취하며, 학술적·직업적 협회들과 그들이 펴낸 정기간행물 사이에 많은 관심사가 겹친다.[13] 이 과정에서 계획 역사학자들은 피터 홀 경과 고든 체리Gordon Cherry 경의 선구적인 연구에서 힌트를 얻었는데, 이 둘은 근대 도시계획운동에 끼친 이념적·지적·실천적 영향을 다룬 초기 연구에서 도시계획의 역사를 국제적인 동시에 현지 및 국가적인 뿌리에서부터 고려하는 것의 중요성을 입증했다.[14]

20세기로의 전환기 전후 수십 년에 대한 역사적 관심은 1980년대부터 지속돼 왔는데, 이는 1장에서 살펴본 바와 같이 도시화 과정이 자치체, 학자, 그리고 초기 계획운동 실무자들에게 처음으로 체계적인 관심을 불러일으킨 시기와 일치하기 때문이다. 대중 도시 정치의 시대에 공공서비스, 인프라 제공 또는 시민의 적절한 삶의 질 유지와 같은 새롭거나 강화된 도전과 기회에 직면한 도시 정부는 도시 거버넌스에 접근하는 방식에서 눈에 띄게 과학적이고 관료제적으로 바뀌었고, 도시환경을 관리하기 위해 점점 더 많은 기술관료를 고용하게 되었다. 이로 인해 1910년까지 도시계획의 '국제적 환경'의 일부로서 다른 도시 및 타운과 점점 더 많은 수평적 관계를 구축하게 되었다. 이 관계는 다양한 일대일 정보 교환, 일회성 또는 반복적인 국제회의 및 전시회 참여, 등록 회원, 조직위원회, 정기간행물 및 연례 회의와 함께 국제기관의 긴밀한 네트워크 개발을 중심으로 조직되었다.[15]

헬렌 멜러Helen Meller는 유럽 건조built환경 형성에 관한 탁월한 연구에서, 1890~1930년은 효율적인 규정적 통제 없이 유기적으로 성장한 도시가 점차 쇠퇴해 가는 과거와 "국가 법률로 제약을 받고 국제적인 아이디어 교환으로 정보를 얻는 새로운 전문가 집단이 삶의 질을 책임지는 미래" 사이의 과도기였다고 주장한다. 멜러는 항구도시 함부르크와 마르세유에서 문화적 제도와 전시회를 제공한 것, 중부 유럽 수도들인 부다페스트, 프라하, 빈에서 물리적 인프라를 제공한 것, 양차 대전 사이 시기 리옹과 버밍엄에서 노동자계급 주택을 개발한 것 등 다양한 비교 연구를 통해 이 새로운 기관들의 영향력이 커지는 과정을 추적한다. 이 사례 연구는 유럽 근대주의의 변형을 만들어 낸 현지·국내·국제 차원의 건축, 계획 및 시민 전통의 상호작용을 드러낸다. 당시 빌뢰르반과 킹스탠딩 단지가 전례 없는 경제적·정치적 위기 시기에 리옹과 버밍엄에 각각 건설되었는데, 계획된 노동계급의 주택공급은 국가와 지방정부가 직면한 시급한 과제가 되었으나 주택밀도와 건축자재, 기술, 정당정치 및 녹지대 개발 등 국가와 현지의 다양한 전통으로 인해 두 단지는 현저하게 다른 물리적 형태를 취하게 되었다. 멜러가 인정하듯, 소통이 개선되면서 "아이디어를 국가적, 심지어 국제적 차원에서 공유할 수 있게 되었으나 … 이것이 어떤 종류의 일관된 반응으로 이어지지는 않았다. 킹스탠딩과 빌뢰르반의 극명한 대조는 결과를 결정하는 데 역사, 문화적 맥락, 정치가 얼마나 중요한지를 보여 준다."[16]

더 최근에는 제2차 세계대전 이후 계획 교류사에, 특히 (그러나 예외적인 것은 아닌) 유럽과 북미 간의 교류사에 관심이 높아졌다. 전쟁으로 파괴된 이후 유럽 전역의 계획자들은 긴축 기간에 파괴된 도시 경관을 재건하는 과제에 직면했고, 동시에 냉전 및 유엔과 같은 국제기구의 탄생으로 특징지어지는 새로운 지정학적 환경 속에서 작업해야 했다. 특히 베를린에서는 이데올로기적 영향이 계획 설계와 건설에 작용했는데, 베를린은 서방과 소련 계획자 모두에게 재개발의 이데올로기 전선이 되었다. 서방에서 훈련받은 계획자, 정치가, 학자, 기타 디자인 전문가들, 즉 우리가 앞 장에서 만났던 '도시재생 질서'를 구성한 이들 사이에는 도시를 현대화하고 글로벌 자본주의 경제와 자동차 시대에 적응시키는 최상의 방법에 대한 다양한 대서양 횡단적 교류가 있었다. 다양한 연구에서 밝혀진 바와 같이 이러한 교류는 공식적인 제도적 네트워크와 비공식적인 개인적 네트워크의 결합을 기반으로 이루어졌고, 호세 루이스 세르트Jose Luis Sert와 르코르뷔지 등 다양한 '거물' 계획자들과 영국의 계획자이자 편집자 겸 교육자인 재클린 티르위트처럼 덜 알려진 개인들을 끌어들였다. 티르위트는 세르트와 다른 계획자들에게 조용하고 개인적인 영향력을 발휘하여 강의실과 계획자의 사무실 등 남성이 지배하는 다양한 영역에서 국제 계획에 관한 분산적이고 협력적인 접근 방식을 장려했다. 다른 교류는 국제 협회의 제도적 틀을 통해 조정되었다. 정기적 회의는 1928년에 설립된 근대건축국제회의(CIAM),

1913년에 각각 결성된 국제주택·계획연맹International Federation for Housing and Planning과 국제도시연합Union Internationale des Villes 같은 영향력 있는 조직을 통해 아이디어와 실천을 공유할 수 있는 잘 확립된 포럼을 제공했다.[17]

계획사는 또한 제국적 연결성의 역사와 최근에 융합되어 식민 시대와 탈식민 시대에 등장한 혼종적 문화 전통과 계획 관례들을 강조하는 데 중요한 역할을 했다(5장 참조). 이 새로운 문헌은 초국가적 교류가 단순히 기부-수혜, 본국-식민지 모델을 고수하지 않았음을 일깨워 준다.[18] 예를 들어, 오스만제국에 관한 최근 연구는 자치체와 계획 네트워크가 어떻게 전통적인 중심-주변의 제국적 연결을 넘어 훨씬 더 넓고 깊게 확장했는지를 보여 준다. 북아프리카 지중해 연안의 건축 환경에서는 다양한 결과를 산출하기 위해 이스탄불에서 고안된 입법 체계에 지역의 계획 문화를 도입했다. 예를 들어, 제이넵 셀릭Zeynep Çelik과 노라 라피Nora Lafi는 둘 다 제국 당국의 하향식 지시 공문에서 벗어나 공식 기록물뿐만 아니라 사진, 문자 텍스트와 그림 같은 문화적 가공물을 활용하여 오스만제국의 마그레브 지방 도시들의 계획과 개발에 동등하게 영향을 미친 현지 및 지역적 자극으로 역사적 초점을 옮겼다. 그들은 도시계획과 건축 프로젝트에 미친 영향의 현지와 국제적 순환을 모두 탐구하고, 이슬람 도시 근대성의 범세계적 성격을 강조한다.[19]

다른 한편으로, 낸시 곽Nancy Kwak의 제2차 세계대전 이후 싱가포르의 계획 및 주택 연구는 국제노동기구와 유엔개발계획 같은 국제비정부기구를 통해 도시국가의 초창기 주택 개발 사무국에 미친 초국가적 영향과 결합한 다양한 현지, 국가, 제국의 문화적 관심과 유산을 드러낸다. 곽은 1960년대와 1970년대 싱가포르의 계획 엘리트들 사이에서 존재했던 '과민한' 민감성이 영국의 신도시정책과 새롭게 부상한 북미의 도시재생 프로그램에 주의를 기울였고, 이 프로그램들이 국가정책에 대한 '패치워크' 접근 방식의 일부로 채택되었으며, 여기에서 "국제적 최상의 실천들이 통합되고 현지의 필요성과 동화되었다"고 설명한다.[20]

라틴아메리카의 계획에 대한 학계의 관심도 높아지고 있다. 특히 아르투로 알만도스는 베네수엘라 계획에 대한 서구의 영향을 1880년대부터 1910년대까지의 위생 개혁 시기로 거슬러 올라가 추적했다. 1880년대에 베네수엘라 대표단은 워싱턴DC, 로마, 파리에서 열린 국제 보건 및 위생 행사에 참석했으며, 이는 1890년대와 1900년대 수도 카라카스에서 의료 교육, 정부 규제 및 자치체 서비스의 전문화 흐름에 영향을 미쳤다. 이 흐름은 1910년 조례에 따라 카라카스와 인구 1천 명 이상의 다른 베네수엘라 도시를 통치할 도시 전체의 법적 틀이 마련되어 공중보건과 치안의 우선순위가 통합되면서 절정에 달했다. 단편적이고 분산적인 방식으로 도시 개혁이 이루어졌던 초기의 '현지' 개혁은 1930년대에 카라카스의 정치 및 행정 엘리트들이 카라카스의 기념비적 계획(1939)을 통해 정원도시 계획과 관련된 포괄적인 서구식 재개발을 수용하면서 결국 하나의 "도시 전체에 관한 거시적 또는 글로벌 비전"으로 통합되었다.[21]

이러한 현지, 제국, 제국 외부 영향의 융합은 도시 간 초국가적 공간을 통한 도시 행위자들의 이동에서도 추적할 수 있다. 한 사례를 들자면, 존 그리피스John Griffiths는 1890년대부터 1930년대까지 호주와 뉴질랜드 자치체 공무원들의 여행과 서신을 꼼꼼하게 연구하여 영제국 내부와 그 주변에 존재했던 초기의 임시적 연결성을 영국의 세계적인 정기간행물 《자치체 저널Municipal Journal》을 통해 추적했다. 해외 방문, 관찰 및 혁신에 관한 보고서와 구인 광고 및 서신은 《자치체 저널》의 독자들이 더 넓은 자치체 세계와 얼마나 상호 연결되어 있었는지를 보여 준다. 뉴질랜드의 타운 공무원들은 영국 못지않게 영국 이외의 지역에서 정보와 아이디어를 수집하는 데 관심이 많았다. 더욱이 이러한 출판물의 다양한 지리적 확산은 20세기에 접어들면서 도시, 국가, 제국의 정체성이 융합된 모습을 보여 주며, "영국에서 제국의 외곽으로 지식이 '일방적으로' 제한되어 흐른 경우는 어느 단계에서도 존재하지 않았음"을 보여 준다.[22]

20세기 전환기 전후 수십 년 동안의 사례를 탐구하는 최근의 많은 연구들은 두 개의 뛰어난 저작을 인정하고 이를 확장하고 있다.

마르자타 히에탈라Marjatta Hietala의 《세기전환기의 서비스와 도시화: 혁신의 확산Services and Urbanization at the Turn of the Century: The Diffusion of Innovations》과 대니얼 로저스Daniel Rodgers의 《대서양 횡단: 혁신주의 시대의 사회 정치Atlantic Crossings: Social Politics in a Progressive Age》가 그것이다. 1987년과 1996년에 각각 출간된 이 두 연구는 초국가적 역사와 도시사의 후속 관계를 형성하는 데 중요한 역할을 했으며, 20세기를 전후한 수십 년 동안 초국가적 교차 기회가 증가하면서 어떻게 사회 및 자치체 개혁이 국제적 현상이 되었는지를 규명한다. 더욱이, 두 저자는 국민국가의 역사적 경험이 예외적이라는 전통적인 주장에 똑같이 도전한다. 두 사람은 모두 사상, 이념, 도구, 개인, 제도에 관한 연구를 국제적 차원으로 끌어올리고, 더 나아가 출발점과 도착점뿐 아니라 그 여정과 교차점에 대해 질문한다. 그들은 혁신주의 개혁가들이 교차 지점에서 폭넓은 전문적 아이디어와 전문 지식뿐 아니라 보고서와 정책에 반영한 계획, 인프라, 시영 기업, 사회보험, 모더니즘 건축 등 다양한 유형의 서비스를 어떻게 접했는지를 규명한다. 외국의 모델과 혁신은 단순히 고정적인 채로 실현된 것이 아니었다. 그것들은 개인과 기관이 시간과 공간을 넘나들며 열심히 연구하고 협력한 산물이었고, 이후 다양한 현지, 국가, 때로는 국제적 우선순위에 따라 수입되고 수출되었다. 사회학자 에버렛 로저스Everett Rogers의 연구에 크게 의존하면서 히에탈라가 수긍하는 것처럼,

"혁신은 새로운 아이디어, 과정, 제품 또는 서비스의 일반적인 수용과 실행"이며, 그 안에는 다양한 소통 경로를 통해 확산할 뿐만 아니라 변화할 수 있는 역량이 포함되어 있다. 혁신의 확산을 돕기 위해서는 열린 소통 경로, 비록 크게 지연되지는 않지만 충분한 시차, 그리고 인적자원과 자본을 한데 모으는 상호연결된 사회체계가 필요하다. 히에탈라의 연구는 스칸디나비아, 독일, 영국의 타운과 도시 간의 초국가적 자치체 간 교류의 맥락에서 이 모델을 역사화한다.[23]

히에탈라와 로저스의 연구는 해외 사례를 통해 개인의 역량과 의지를 조사함으로써 도시 개혁 과정의 복잡성을 드러낸다는 점에서 더 밀접하게 연관되어 있다.[24] 로저스는 19세기 마지막 4분기부터 20세기의 3분의 1 시기까지 북미의 사회개혁가, 언론인, 관광객들이 어떻게 유럽 도시들을 점점 더 많이 방문하여 그곳 자치체 정부의 조직과 실천을 연구했는지를 밝혔다. 당시 북대서양은 정보고속도로로서, 앨버트 쇼Albert Shaw, 조지 파커George Parker, 줄리안 랠프Julian Ralph 등 '범세계적 혁신주의자'들처럼 유럽 자치체에서 나타났던 혁신적 실천과 인프라의 진정한 카테일을 흡수하여 미국 자치체 체계로 변환시키려는 사람들이 넘쳐났다. 이러한 사회적 교류의 토대가 된 것은 "북대서양 유역 주요 국가들의 급속한 집중적 경제발전이었는데 … 사회정책의 지속적인 교류에 산업자본주의의 사회적 경관의 극적 확장보다 더 중요한 것은 없었다." 국민국가의 성장과 20세기가 보편적인 도시 시대가 될 거라는 인식과 함께, 이러한 '초국가적 사회-정치적 네트워크' 구축은 두 대륙 사이의 '실제' 또는 '상상된' 거리의 잔재를 모두 없애 버렸다. 이러한 의미에서 로저스는 초국가적 경관에서 국가의 역할을 평가하는 동시에, 북미가 유럽 국가의 사회적 격변과 권위주의에서 벗어난 예외적 지위를 누렸다는 역사가들의 오랜 믿음에 도전한다. 로저스는 이러한 국가 중심의 단순성에 도전하고 미국의 사회정책과 도시계획사를 국제적이고 초국가적인 환경에 확고하게 위치시켰다. 그의 연구는 이후 20세기 유럽, 북미, 아시아에서 '도시재생 질서'의 국제적 순환에 대한 새로운 세대의 박사과정 및 박사 후 과정 연구들에 큰 영향을 미쳤다.[25]

앨버트 쇼도 그러한 초국가적 여행자 중 한 명이었다. 사회학을 전공하고 이후 언론인으로 훈련 받은 쇼는 1888년 유럽을 방문하여 자치체 정부의 실천을 연구하고 보고했다. 그는 관찰한 내용을 두 권의 책으로 썼고, 《리뷰에 대한 리뷰Review of Reviews》 편집자로 일하던 1895년에 이를 출판했다. 다른 미국인 자치체 여행자들과 마찬가지로, 쇼는 특히 제조업 도시인 버밍엄, 글래스고, 맨체스터로 표상되는 영국 자치체 정부의 '사무적인 직설성과 단순함'에 깊은 인상을 받았고, 이 도시들은 그의 책《영국의 자치체 정부Municipal Government in Great Britain》에서 별도의 장으로 다루어졌다. 각 도시는 특정한 혁신으로 주목받았다. 버밍엄은 가스 및 수도시설, 글래스고는 중력 수자원 공학 및 전차, 맨체스터는 위생 분야에서 새로운 자치체 관리 방법을 배우고 도입하고자 하는 호기심 많은 여행자의 관심을 끌었다. 그런데 3장에서 살핀 것처럼, 쇼는 영국 자치체들이 그 전문성에도 불구하고 기능적·행정적 분권화 및 법적 권리와 의무를 지닌 오랜 지방자치 전통으로 연결되어 있음을 확인했고, 이는 유럽 대륙에서는 쉽게 찾아볼 수 없는 자치체 업무의 투명성을 유지하는 데 도움을 주었다.[26]

쇼는 영국 자치체를 대륙의 경험을 다룬 다른 권에 포함시키지 않고 한 권 전체에 할애함으로써 영국 제조업 도시의 자치체 정부와 유럽의 자치제 체계를 명확하게 구분했다. 이를 처음으로 구분하면서 그는 영국의 도시 정치를 자치체 정부의 모범으로, 비교 방법을 실제 유용한 차이점을 강조하는 가장 좋은 방법으로 확립했다. 쇼는 특히 미국 관찰자들이 비교 방법을 통해 영국의 자치체 기관들을, 특히 유사한 규모의 미국 산업 타운들과 비교할 가치가 있다고 본 제조업 타운들을 면밀하게 조사할 수 있다고 강조했다. 그는 미국 방문객들이 전차의 실제 작동 방식, 공공시설 재정財政, 자치체 정부의 위원회 체계 조정, 더 일반적으로는 자치체 공무원 전문화와 관련한 기술적·과학적 정보에 대한 욕구를 충족하고자 유럽 대륙의 자치체 발전 과정으로 눈을 돌리기 전에, 먼저 영국의 제조업 도시에 관심을 갖기를 기대했다. 쇼의 연구는 이후 자치체 비교 방법

옹호자들에게, 특히 영국의 초국가적 지방정부 전문가인 조지 몬태규 해리스George Montagu Harris에게 영향을 미쳤는데, 해리스는 전문적·공적·학술적·개인적 기관 네트워크의 밀집된 범위를 넘나들며 지방정부에 대한 국가 간 연구를 발전시키는 데 경력을 바쳤다.[27]

히에탈라의 연구 역시 부분적으로는 영국의 자치체 정부 체계에 초점을 맞추었지만, 여기서는 영국 당국이 학생이 되었고 대륙의 당국들, 특히 스칸디나비아와 독일 당국이 교육을 제공했다. 1860년대와 1870년대부터 영국, 독일, 스칸디나비아 자치체 간의 협력 사례가 산발적으로 존재했지만(예를 들어, 그녀가 언급한 스웨덴과 핀란드에서 영국의 지표면 상수도에 대한 열광), 20세기 전환기에 특히 공공 에너지, 교통 및 계획 분야에서 국가를 넘나드는 자치체의 협력에 새로운 관심이 높아졌다. 《자치체 저널》 같은 정기간행물은 독일 자치체의 신중한 자치체 서비스 관리 사례를 자주 보도했고, 정치인들은 유럽 대륙 자치체 서비스 관리의 세부적인 사항을 논의했으며, 자발적인 시민단체들은 해외 타운들의 계획을 면밀히 조사했다. 예를 들어, 영국의 외국 자치체 기관 연구 위원회는 1900년대에 독일, 스위스, 스칸디나비아, 미국을 방문하기 위해 시장 대표단으로 구성된 다양한 방문을 조직했다. 그들의 방문은 가스 및 전기 시설, 시립학교, 소방서, 양로원, 빈민 주택, 병원, 목욕장, 도축장을 포함해 다양한 현장의 실태조사로 가득 차 있었고, 그들의 보고서는 직접 관찰의 가치, 더 효율적인 공공 행정 기준, 대중의 서비스 만족도 향상, 국제적 긴장이 고조되던 시기에 영-독 관계 증진을 위한 헛된 노력이었던 '평화적 협력 표현들'을 자랑했다.[28]

혁신의 중심-주변 모델에 대한 우리의 전통적인 그림은 다시 한번 역사적으로 단순한 발전모델로 묶여 있던 도시와 국가를 연결하는 수많은 인적 관계와 기관 간 교류로 도전받고 있다. 혁신가와 추종자, 공여자와 수혜자, 중심과 주변은 모두 이 전통적인 접근 방식의 축약적 변형에 불과하다. 히에탈라가 간결하게 표현한 것처럼, 거의 모든 타운과 도시가 다양한 시기에 다양한 경로를 통해 혁신의 수용자, 창출자 또는 추종자 역할을 했으며, 스칸디나비아와 독일, 영국 및 기타 지역을 연결하는 경로들은 "기술 발전 및 진보와 함께 변화하고 발전하는 상호 보완적이고 연관된 전체"를 형성했다.[29] 궁극적으로 이것은 개인적인 접촉, 연구 여행, 정기간행물, 비교 통계, 회의 및 전시회 등 다양한 보완 자료에 의존했으며, 특정한 현지, 지역, 국가의 자치체 전통, 법률 체계 및 문화의 산물이었다. 지식 습득은 정책 학습의 실천은 물론이고 행정학의 발전에도 유용한 연결고리를 만들기 위해 국경을 초월한 접촉 및 관계 구축과 결합했다.

결론적으로, 도시사학자들이 이러한 국제 네트워크를 구성하는 다양한 행위자, 즉 인간과 도시의 다양한 동기와 결과를 밝히기 위해 연구의 제도적 경계를 계속해서 허물고 있다는 긍정적인 신호가 있다. 가장 풍부하고 통찰력 있는 도시의 초국가적 역사 연구가 바로 이를 수행했다. 히에탈라, 로저스, 소니에 같은 도시사학자들은 역사적 변화에 대한 구조적 설명과 개인 및 사례 연구 접근 방식에 대한 예리한 시각을 결합한다. 이 장과 다른 장에서 주장한 바와 같이, 도시사는 비교적 접근이든 전기적 접근이든, 공간과 장소 관계를 검토할 때 가장 강력하며, 이를 통해 사람들(지역 정치인, 공무원, 고용주, 노동조합원, 계획자, 건설업자, 집주인과 세입자 등)이 수행하는 역할과 타운 또는 도시 전체와의 관계를 규명한다. 따라서 도시사에서 초국가적 접근법을 취하는 것의 가장 큰 장점은 사람과 도시 장소 사이의 실제적이고 상상적인 의미의 연관성을 깊이 있게 탐구할 수 있게 하고, 이 관점을 외부의 국제적·지구적·초국가적 연결망으로 확장하는 것으로, 말하자면 사람과 장소, 그리고 그들 사이의 공간적 흐름의 관계를 연구하는 것이다.

미주

서론 _ 왜 도시사인가?

1 도시 세계에 대한 포괄적인 역사와 도시화의 '롤러코스터'를 찾는 독자는 클라크부터 시작해야 한다. Clark, P. (ed.) (2013), *The Oxford Handbook of Cities in World History* (Oxford: Oxford University Press); 민유기 옮김,《옥스퍼드 세계도시문명사》(책과함께, 2023). 세계 지역별 도시사에 관해서는 다음을 참고. Clark, P. (2009), *European Cities and Towns 400-2000* (Oxford: Oxford University Press); Pinol, J.-L. (ed.) (2003), *Histoire de l'Europe urbaine* (Paris: Seuil); Heitzman, J. (2008), *The City in South Asia* (Abingdon: Routledge); Jackson, K. and Schultz, S. (eds) (1972), *Cities in American History* (New York: Alfred Knopf); Freund, B. (2007), *The African City* (Oxford: Oxford University Press); Gilbert, A. (1998), *The Latin American City* (London: Latin America Bureau Press); El-Sheshtawy, Y. (ed.) (2008), *The Evolving Arab City: Tradition, Modernity and Urban Development* (London: Routledge).

2 Corfield, P. (2013), "Conclusion: Cities in Time", in Clark (ed.), *Oxford Handbook*, 828-846, 인용은 828 [민유기 옮김,《옥스퍼드 세계도시문명사》(책과함께, 2023), 1585쪽]. 비교사 방법론의 가치에 대해서는 다음을 참고. Sewell, Jr, W. (1967), "Marc Bloch and the Logic of Comparative History", *History and Theory* 6: 208-218; Tilly, C. (1996), "What Good is Urban History?", *Journal of Urban History* 22: 702-719.

3 United Nations (2013), *State of the World's Cities 2012/2013: Prosperity of Cities* (New York: Routledge), 25, 29, 30; United Nations Department of Economic and Social Affairs (2014), *World Urbanization Trends: The 2014 Revision* (New York: United Nations Department of Economic and Social Affairs).

4 United Nations (2008), *State of the World's Cities 2010/11: Bridging the Urban Divide* (London: Earthscan), viii, xix; Warner, Jr, S. B. (1972), *The Urban Wilderness: A History of the American City* (New York: Harper & Row).

5 Chandler T. and Fox, G. (1974), *3000 Years of Urban Growth* (New York: Academic Press); *World Urbanization Trends; State of the World's Cities 2012/13*, 30; Clark, P. (2013), "Introduction", in Clark (ed.), *Oxford Handbook*, 1-20.

6 *State of the World's Cities 2012/13*, 34-35.

7 *State of the World's Cities 2010/11*; Reeder, D. and Rodger, R. (2000),

"Industrialization and the City Economy", in M. Daunton (ed.), *The Cambridge Urban History of Britain, Volume III: 1840-1950* (Cambridge: Cambridge University Press), 553-592; Hung, H.-F. and Zhan, S. (2013), "Industrialization and the City: Easy and West", in Clark (ed.), *Oxford Handbook*, 645-663; Bairoch, P. (1988), *Cities and Economic Development from the Dawn of History to the Present* (Chicago: Chicago University Press).

8 Rodger, R. and Sweet, R. (2008), "The Changing Nature of Urban History", *History in Focus: The City*, 〈www.history.ac.uk/ihr/Focus/City/articles/sweet.html〉; Hohenberg, P. and Lees, L. H. (1985), *The Making of Urban Europe 1000-1950* (New Haven: Harvard University Press).

1장 _ 도시사의 발전

1 Stave, B. (1979), "A Conversation with H. J. Dyos: Urban History in Great Britain", *Journal of Urban History* 5: 472.

2 Dyos, H. J. (1968), "Agenda for Urban Historians", in H. J. Dyos (ed.), *The Study of Urban History* (London: Edward Arnold), 1-46.

3 Jansen, H. (1996), "Wrestling with the Angel: On Problems of Definition in Urban Historiography", *Urban History* 23: 279; Daunton, M. J. (1978), "Towns and Economic Growth in Eighteenth Century England", in P. Abrams and E. A. Wrigley, (eds), *Towns in Societies: Essays in Economic History and Historical Sociology* (Cambridge: Cambridge University Press), 276. 브로델 인용은 Rodger, R. (1998), "In Pursuit of the Indefinable? The Urban Variable Reconsidered", in S. Supphellen (ed.), *The Norwegian Tradition in a European Context* (Trondheim: Trondheim Studies in History), 47-56.

4 인용은 Cannadine, D. (1982), "Urban History in the United Kingdom: The 'Dyos Phenomenon' and After", in D. Cannadine and D. Reeder (eds), *Exploring the Urban Past: Essays in Urban History by H.J. Dyos* (Cambridge: Cambridge University Press), 209.

5 Hayden, D. (1996), *The Power of Place: Urban Landscapes as Public History* (Cambridge, MA: MIT Press), 15.

6 Reulecke,J., Huck, G. and Sutcliffe, A. (1981), "Urban History Research in Germany: Its Development and Present Condition", *Urban History Yearbook* 8: 39-41.

7 Pirenne, H. (1925), *Medieval Cities: Their Origins and the Revival of Trade* (Princeton: Princeton University Press).

8   Roche, D. (1980), "Urban History in France: Achievements, Tendencies and Objectives", *Urban History Yearbook* 7: 12.
9   Lees, A. (1985), *Cities Perceived: Urban Society in European and American Thought, 1820-1940* (Manchester: Manchester University Press), 136-151, 190-193.
10 Gunn, S. (2006), *History and Cultural Theory* (Harlow: Pearson), 107-130.
11 Weber, A. F. (1899), *The Growth of Cities in the Nineteenth Century: A Study in Statistics* (New York: Macmillan), 388.
12 Weber, M. (1958), *The City* (Glencoe: The Free Press). 이슬람 도시에 대해서는 Jayyusi, S. et al. (eds) (2008), *The City in the Islamic World*, 2 vols (Leiden: Brill).
13 Whyte, W. (2014), "Introduction", in H. Meller (ed.), *Ghent Planning Congress 1913. Premier Congres International et Exposition Comparee des Villes* (London: Routledge), v-xvii.
14 Hammarstrom, I. (1978), "Urban History in Scandinavia", *Urban History Yearbook* 5: 46-55
15 Gieryn, T. (2006), "City as Truth-Spot: Laboratories and Field-Sites in Urban Studies", *Social Studies of Science* 36: 6-10.
16 Lampard, E. (1961), "American Historians and the Study of Urbanization", *American Historical Review* 67: 49-61; Glaab, C. (1965), "The Historian and the City: A Bibliographic Survey", in P. Hauser and L. Schnore (eds), *The Study of Urbanization* (New York: John Wiley), 53-80; Stave, B. (1974), "A Conversation with Sam Bass Warner, Jr", *Journal of Urban History* 1: 85-110; Stave, B. (1975), "A Conversation with Eric E. Lampard", *Journal of Urban History* 1: 440-472.
17 Klemek, C. (2011), *The Transatlantic Collapse of Urban Renewal: Postwar Urbanism from New York to Berlin* (Chicago: University of Chicago Press), 80-81.
18 Jacobs, J. (1961), *The Death and Life of Great American Cities* (New York: Random House); Jacobs, J. (1993), "Downtown is for People", in W. Whyte, Jr (ed.), *The Exploding Metropolis* (Berkeley: University of California Press), 160.
19 Gottmann, J. (1961), *Megalopolis: The Urbanized Northeastern Seaboard of the United States* (New York: Twentieth Century Fund).
20 Mumford, L. (1961), *The City in History* (New York: Harcourt Brace).
21 Whyte, Jr, W. (1993), "Introduction", in Whyte (ed.), *Exploding Metropolis*, 8, 9, 11; Klemek, *Transatlantic Collapse*, 83-101.
22 Handlin, O. (1963), "The Modern City as a Field of Historical Study", in O. Handlin and J. Burchard (eds), *The Historian and the City* (Cambridge: MIT Press), 1-26.
23 Hershberg, T. (1983), "The Future of Urban History", in D. Fraser and A. Sutcliffe

24   (eds), *The Pursuit of Urban History* (London: Edward Arnold), 429-430.
24   Schnore, L. (ed.) (1975), *The New Urban History: Quantitative Explorations by American Historians* (Princeton: Princeton University Press); Thernstrom, S. and Sennett, R. (eds) (1970), *Nineteenth-century Cities: Essays in the New Urban History* (New Haven: Yale University Press).
25   Stave, "Conversation with Sam Bass Warner", 92, 100, 108.
26   Reeder, D. (1982), "Introduction: H. J. Dyos and the Urban Process", in Cannadine and Reeder (eds), *Exploring the Urban Past*, xi.
27   Checkland, S. G., 인용은 D. Cannadine (1982), "Urban History in the United Kingdom: The 'Dyos Phenomenon' and After", in Cannadine and Reeder (eds), *Exploring the Urban Past*, 206.
28   Jones, P. (2010), *Unfinished Work: An Essay in Honour of H. J. Dyos 1921-1978* (Leicester: Centre for Urban History); Davies, G. W. (2014), "The Rise of Urban History in Britain, c.1960-1978", unpublished PhD thesis (University of Leicester).
29   Dyos, H. J. (1961), *Victorian Suburb: A Study of the Growth of Camberwell* (Leicester: Leicester University Press), 86.
30   Dyos, "Agenda for Urban Historians", 7.
31   Dyos, H. J. (1974), "Editorial", *Urban History Yearbook* 1: 5.
32   Stave, "Conversation with H. J. Dyos", 493.
33   Checkland, S. G. (1983), "An Urban History Horoscope", in Fraser and Sutcliffe (eds), *Pursuit of Urban History*, 449-466.
34   Reeder, D. (1998), "The Industrial City in Britain: Urban Biography in the Modern Style", *Urban History* 25: 368-78; Rodger, R. (2003), "Taking Stock: Perspectives on British Urban History", *Urban History Review / Revue d'histoire urbaine* 32: 54-63.
35   최근의 예로는 Madgin, R. and Kenny, N. (eds) (2015), *Comparative and Transnational Approaches to Urban History: Cities beyond Borders* (Aldershot: Ashgate).
36   Checkland, "Urban History Horoscop", 460-466; Rodger, "In Pursuit of the Indefinable?"; Hein, C. (2013), "Port Cities", in Clark (ed.), *Oxford Handbook*, 809-827, 인용은 809.
37   Mohl, R. (1974) "Editorial", *Journal of Urban History* 1: 4; Rodger, R. (1992), "Urban History: Prospect and Retrospect", *Urban History* 19: 1-22.
38   University of Leicester Dyos Collection: Conferences 3/11, Dyos, H. J. (23 May 1967), "Some Reflections on the Symposium on the Victorian City, Indiana University, 8-12 March 1967".

39 Dyos Collection: Correspondence 1/1/1, H. J. Dyos to Derek Aldcroft, 2 December 1973; 1/3/5, S. G. Checkland to Dyos, 26 September 1973; 1/2/9, Peter Burke to Dyos, 12 November 1973.
40 Briggs, A. (1973), "The Human Aggregate", in H. J. Dyos and M. Wolff (eds), *The Victorian City: Images and Realities*, Volume I (London: Routledge & Kegan Paul), 83.
41 Gilfoyle, T. (2003) "White Cities, Linguistic Turns, and Disney lands: The New Paradigms of Urban History", *Journal of Urban History* 26: 175-176.
42 인용은 McShane, C. (2006), "The State of the Art in North American Urban History", *Journal of Urban History* 32: 588.
43 Gilfoyle, "White Cities", 180; Domosh, M. (1988), "The Symbolism of the Skyscraper: Case Studies of New York's First Tall Buildings", *Journal of Urban History* 14: 321-345, 인용은 341.
44 Rodger, "Urban History", 10-12; Doyle, B. M. (2009), "A Decade of Urban History: Ashgate's Historical Urban Studies Series", *Urban History* 36: 498-512.
45 다음을 보라. Stelter, G. and Artibise, A. (eds) (1979), *The Canadian City: Essays in Urban History* (Ottawa: Institute of Canadian Studies); Bickford-Smith, V. (2008), "Urban History in the New South Africa: Continuity and Innovation since the End of Apartheid", *Urban History* 35: 288-315.
46 Prakash, G. (2002), "The Urban Turn", in R. Vasudevan et al. (eds), Sarai Reader 02: *Cities of Everyday Life* (Delhi: Centre for the Study of Developing Societies, 2002), 2-7. 인구통계 출처는 ⟨http://censusindia.gov.in/⟩.
47 Prakash, "Urban Turn", 2.
48 Kidambi, P. (2013), "Mumbai Modern: Colonial Pasts and Postcolonial Predicaments", *Journal of Urban History* 39: 1003.
49 Gandy, M. (2008), "Landscapes of Disaster: Water, Modernity, and Urban Fragmentation in Mumbai", *Environment and Planning A* 40: 108-130.
50 최근의 연구는 다음을 포함한다. Almandoz, A. (ed.) (2002), *Planning Latin America's Capital Cities, 1850-1950* (London: Routledge); Freund, B. (2007), *The African City* (Cambridge: Cambridge University Press); *Urban History* 40 (2013), Special Section on 'Eastern European Cities' edited by M. Prokopovych; Eldem, E., Goffman, D. and Masters, B. (eds) (1999), *The Ottoman City between East and West: Aleppo, Izmir and Istanbul* (Cambridge: Cambridge University Press); Çelik, Z. (2008), *Empire, Architecture, and the City: French-Ottoman Encounters, 1830-1914* (Seattle: University of Washington Press).
51 Skinner, G. W. (ed.) (1977), *The City in Late Imperial China* (Stanford: Stanford

University Press). 더 일반적인 종합적 문헌으로는 다음을 보라. Stapleton, K., Shi, M. and McIsaac, M. L. (2000), "The City in Modern China", *Journal of Urban History* 27: 50; Wasserstrom, J. (2011), "Introduction", *Urban History* 38: 368; United Nations Department of Economic and Social Affairs (2012), *World Urbanization Prospects: The 2011 Revision* (New York: United Nations).

52 Mitter, R. (2005), *A Bitter Revolution: China's Struggle with the Modern World* (Oxford: Oxford University Press), 42.

53 Rogaski, R. (2004), *Hygienic Modernity: Meanings of Health and Disease in Treaty-Port China* (Berkeley: University of California Press).

54 Henriot, C. (1993), *Shanghai, 1927-1937. Municipal Power, Locality, and Modernization* (Berkeley: University of California Press); Wakeman Jr, F. (1995), *Policing Shanghai, 1927-1937* (Berkeley: University of California Press); Lu, H. (1999), *Beyond the Neon Lights: Everyday Shanghai in the Early Twentieth Century* (Berkeley: University of California Press); Lincoln, T. (2012), "Revolution in the Streets", *History Today* 62: 11 16.

2장 _ 도시, 공간, 정체성

1 Osborne, H. (26 July 2014), "Poor Doors: The Segregation of Inner-city Flat Dwellers", *Guardian*, ⟨http://www.theguardian.corn/society/2014/jul/25/poor-doors-segrega tion-london-flats⟩; Bellafante, G. (25 July 2014), "On the Upper West Side, A House Divided by Income", *New York Times*, ⟨http://www.nytimes.com/2014/07/27/nyregion/on-the-upper-west-side-a-house-divided-by-income.html?_r=1⟩.

2 최근의 폭넓은 개괄은 Nightingale, C. (2012), *Segregation: A Global History of Divided Cities* (Chicago: University of Chicago Press); Gilbert, A. (2013), "Poverty, Inequality, and Social Segregation", in Clark (ed.), *Oxford Handbook*, 683-699.

3 Gunn, S. (2001), "The Spatial Turn: Changing Histories of Space and Place", in S. Gunn and R. J. Morris (eds), *Identities in Space: Contested Terrains in the Western City since 1850* (Aldershot: Ashgate), 5, 9.

4 McCathery, P. (1993), "Ethnicity and the American City", *Urban History* 20: 78-83.

5 Fischer, B. (2008), *A Poverty of Rights: Citizenship and Inequality in Twentieth-century Rio de Janeiro* (Stanford, California: Stanford University Press), 72.

6 예를 들어, Nicolaides, B. and Wiese, A. (eds) (2006), *The Suburb Reader* (London: Routledge). Jauhiainen, J. (2013), "Suburbs", in Clark (ed.), *Oxford Handbook of*

Cities, 791-808. 문헌에 대한 훌륭한 개요는 Sies, M. C. (2001), "North American Suburbs, 1880-1950: Cultural and Social Reconsiderations", *Journal of Urban History* 27: 313-346; McManus, R. and Ethington, P. J. (2007), "Suburbs in Transition: New Approaches to Suburban History", *Urban History* 34: 317-337.

7   Dyos, Victorian Suburb, 22; Warner, S. B. (1962), *Streetcar Suburbs: The Process of Growth in Boston 1870-1900* (New York: Atheneum).

8   Dyos Collection, 1/23/2, Correspondence, Warner to Dyos, 11 January 1963; Dyos to Warner, 26 February 1963.

9   Warner, *Streetcar Suburbs*, 2-3; Dyos, *Victorian Suburb*, 109-113, 인용은 111.

10 Ward, D. (1975), "Victorian Cities: How Modern?", *Journal of Historical Geography* 1: 135-151; Cannadine, D. (1977), "Victorian Cities: How Different?", *Social History* 2: 457-487; Sjoberg, G. (1960), *The Pre-Industrial City: Past and Present* (Glencoe: The Free Press); Burke, P. (1976), "Some Reflections on the Pre-Industrial City", *Urban History Yearbook* 2: 13-21, 인용은 16.

11 Jackson, K. T. (1985), *Crabgrass Frontier: The Suburbanization of the United States* (New York: Oxford University Press), 243-266; Jackson, K. T. (1980), "Federal Subsidy and the Suburban Dream: The First Quarter-Century of Government Intervention in the Housing Market", *Records of the Columbia Historical Society* 40: 421-451; Park, R. E., Burgess, E. W., and McKenzie, R. (1925), *The City* (Chicago: University of Chicago Press).

12 이 경향의 한 편의 뛰어난 미시적 연구는 다음을 보라. Beresford, M. W. (1988), *East End, West End: The Face of Leeds during Urbanization, 1684-1842* (Leeds: Thoresby Society).

13 Cannadine, "Victorian Cities: How Different?", 460-468; Daunton, M. J. (1977), *Coal Metropolis, Cardiff 1870-1914* (Leicester: Leicester University Press).

14 Jackson, *Crabgrass Frontier*, 288-296.

15 Davison, G. (1995), "Australia: The First Suburban Nation?", *Journal of Urban History* 22: 40-74, 인용은 49.

16 Dennis, R. (1984), *English Industrial Cities of the Nineteenth Century: A Social Geography* (Cambridge: Cambridge University Press); Pooley, C. G. (1977), "The Residential Segregation of Migrant Communities in Mid-Victorian Liverpool", *Transactions of the Institute of British Geographers* 2: 364-382; Lawton, R. (1979), "Mobility in Nineteenth Century British Cities", *Geographical Journal* 145: 206-224; Lilley, K. (2000), "Mapping the Medieval City: Plan Analysis and Urban History", *Urban History* 27: 5-30; Scobie, J. (1974), *Buenos Aires: Plaza to Suburb, 1870-1910* (New York: Oxford University Press); Almandoz (ed.), *Planning Latin*

America's Capital Cities; Urban, F. (2011), *Tower and Slab: Histories of Global Mass Housing* (London: Routledge).
17 Harris, R. and Lewis, R. (2001), "The Geography of North American Cities and Suburbs, 1900-1950: A New Synthesis", *Journal of Urban History* 27: 262-292; 인용은 272; Harris, R. (1996), *Unplanned Suburbs: Toronto's American Tragedy, 1900 to 1950* (Baltimore: The Johns Hopkins University Press), 2-3장; Zunz, O. (2000), *The Changing Face of Inequality: Urbanization, Industrial Development and Immigrants in Detroit, 1880-1920* (Chicago: Chicago University Press), 354-359; Wiese, A. (2004), *Places of Their Own: African American Suburbanization in the Twentieth Century* (Chicago: Chicago University Press).
18 Flanagan, M. (1997), "Women in the City, Women of the City: Where do Women Fit in Urban History?", *Journal of Urban History* 23: 251-259; Gunn, S. (2004), "Class, Identity and the Urban: The Middle Class in England, c.1790-1950", *Urban History* 31: 35-38.
19 Hall, C. and Davidoff, L. (1983), "The Architecture qf Public and Private Life: English Middle-Class Society in a Provincial Town 1780 to 1850", in Fraser and Sutcliffe (eds), *Pursuit of Urban History*, 326-345.
20 Miller, R. (1983), "The Hoover in the Garden: Middle Class Women and Suburbanization, 1850-1920", *Environment and Planning D: Society and Space* 1: 73-87; Marsh, M. (1990), *Suburban Lives* (New Brunswick: Rutgers University Press); Strong-Boag, V., Dyck, I., England, K., and Johnson, L. (1999), "What Women's Spaces? Women in Australian, British, Canadian and US Suburbs", in R. Harris and P. J. Larkham (eds), *Changing Suburbs: Foundation, Form and Function* (London: E. & EN. Spon), 168-186.
21 Flanagan, M. (1966), "The City Livable: Environmental Policy, Gender, and Power in Chicago in the 1910s", *Journal of Urban History* 22: 164; Meller, (1990), "Planning Theory and Women's Role in the City", *Urban History Yearbook* 17: 86.
22 Jackson, *Crabgrass Frontier*, 234-238.
23 Kelly, B. (1993), *Expanding the American Dream: Building and Rebuilding Levittown* (Albany: State University of New York Press).
24 Strong-Boag et al., "What Women's Spaces?", 177.
25 예를 들어 Chauncey, G. (1994), *Gay New York: Gender, Urban Culture, and the Makings of the Gay Male World, 1890-1940* (New York: Basic Books); Armstrong, E. (2002), *Forging Gay Identities: Organizing Sexuality in San Francisco, 1950-1994* (Chicago: University of Chicago Press).
26 Hodge, S. (1995), "'No Fags Out There': Gay Men, Identity and Suburbia", *Journal*

of *Interdisciplinary Gender Studies* 1: 41-48.
27 Gooptu, N. (2001), *The Politics of the Urban Poor in Early Twentieth-Century India* (Cambridge: Cambridge University Press), 인용은 7. 다음도 참고하라. Jones, G. S. (1976), *Outcast London: A Study in the Relationship Between Classes in Victorian Society* (Harmondsworth: Penguin); Chandavarkar, R. (1994), *The Origins of Industrial Capitalism in India: Business Strategies and the Working Classes in Bombay, 1900-1940* (Cambridge: Cambridge University Press); Ferguson, J. (1999), *Expectations of Modernity: Myths and Meanings of Urban Life on the Zambian Copperbelt* (Berkeley: University of California Press).
28 Morris, R. J. (2000), "The Industrial Town", in P. J. Waller (ed.), *The English Urban Landscape* (Oxford: Oxford University Press), 175-208.
29 Dyas, H. J. (1982), "The Slums of Victorian London", in Cannadine and Reeder (eds), *Exploring the Urban Past*, 129-153; Dyas, H. J. and Reeder, D. (1973), "Slums and Suburbs", in Dyos and Wolff (eds), *Victorian City*, 363; Rodger, R. (2000), "Slums and Suburbs: The Persistence of Residential Apartheid", in Waller (ed.), *English Urban Landscape*, 233-268.
30 Mayne, A. (1990), "Representing the Slum", *Urban History Yearbook* 17, 인용은 69; Mayne, A. (1993), *The Imagined Slum: Newspaper Representation in Three Cities 1870-1914* (Leicester: Leicester University Press), 인용은 129.
31 다음을 보라. da Silva Pereira, M. (2002), "The Time of the Capitals: Rio de Janeiro and Sao Paulo: Words, Actors and Plans", in Almandoz (ed.), *Planning Latin America's Capital Cities*, 75-108; Freund, B. (2013), "Africa: 1000-2010", in Clark (ed.), *Oxford Handbook*, 634-635.
32 Lu, H. (1995), "Creating Urban Outcasts: Shantytowns in Shanghai, 1920-1950", *Journal of Urban History* 21: 563-596, 인용은 580.
33 Olsen, D. (1988), *The City as a Work of Art: London, Paris, Vienna* (New Haven: Yale University Press); Maderthaner, W. and Musner, L. (2008), *Unruly Masses: The Other Side of Fin-de-Siecle Vienna* (Oxford: Berghahn Books).
34 Davis, M. (2007), *Planet of Slums* (London: Verso), 54-55, 103-107; Shin, H. B. and Li, B. (2012), *Migrants, Landlords and Their Uneven Experiences of the Beijing Olympic Games* (London: London School of Economics' Centre for Analysis of Social Exclusion).
35 Platt, H. (2010), "Exploding Cities: Housing the Masses in Paris, Chicago, and Mexico City, 1850-2000", *Journal of Urban History* 36: 575-580.
36 Platt, "Exploding Cities", 575-583; 인용은 581, 583; Zunz, *Changing Face of Inequality*, 375-378; Nightingale, *Segregation*, ch.10.

37   Freund, *African City*, 78-82, 148-149; Bickford-Smith, V. (1995), *Ethnic Pride and Racial Prejudice in Victorian Cape Town* (Cambridge: Cambridge University Press), 25, 67-90.
38   Kidambi, P. (2001) "Housing the Poor in a Colonial City: The Bombay Improvement Trust, 1898-1918", *Studies in History* 17: 57-79; Gooptu, *Politics of the Urban Poor*, 66.
39   Gooptu, *Politics of the Urban Poor*, 14.
40   Gooptu, *Politics of the Urban Poor*, 93-101, 인용은 101; Fischer, *Poverty of Rights*, 36-37.
41   Davis, *Planet of Slums*, 140-142.
42   Biswas, S. (30 May 2014) "Why India's Sanitation Crisis Kills Women", BBC News Online, at: 〈http://www.bbc.co.uk/news/world-asia-india-27635363〉.
43   Mayne, "Representing the Slum", 77-78.
44   Fischer, *Poverty of Rights*, 54-56, 71-81, 인용은 80.
45   Fischer, *Poverty of Rights*, 65-68, 인용은 68.

3장 _ 도시 통치하기

1   리옹 시장 에두아르 에리오의 인용은 Cohen, W. (1998) *Urban Government and the Rise of the French City: Five Municipalities in the Nineteenth Century* (Basingstoke: Macmillan), xii.
2   Dagenais, M., Maver, I., and Saunier, P.-Y. (eds), *Municipal Services and Employees in the Modern City: New Historic Approaches* (Aldershot: Ashgate); Garrard, J. (ed.), *Heads of the Local State: Mayors, Provosts and Burgomasters since 1800* (Aldershot: Ashgate); Soffer, J. (2010), *Ed Koch and the Rebuilding of New York City* (New York: Columbia University Press), 9-10.
3   에블린 샤프의 인용은 Hennock, E. P. (1967), "The Social Composition of Borough Councils in Two Large Cities, 1835-1914", in Dyos (ed.), *Study of Urban History*, 316.
4   Hennock, E. P. (1973), *Fit and Proper Persons: Ideal and Reality in Nineteenth-century Urban Government* (London: Edward Arnold).
5   Hennock, *Fit and Proper Persons*, 170-172; Fraser, D. (1979), *Power and Authority in Victorian England* (Oxford: Blackwell); Sweet, R. (1999), *The English Town, 1680-1840: Government, Society and Culture* (London: Pearson).
6   Hennock, *Fit and Proper Persons*, 361-368; Hennock, "Social Compositions", 319.

폴 랙스턴은 헤녹의 연구에 관한 유용한 종합을 제시한다. Laxton, P. (2013), "E. P. Hennock: An Appreciation", *Urban History* 40: 726-729.

7   Crossick, G. and Haupt, H-G. (1995), *The Petite Bourgeoisie in Europe 1780-1914: Enterprise, Family and Independence* (London: Routledge); Doyle, B. M. (2007), "Rehabilitating the Retailer: Shopkeepers in Urban Government, 1900-1950", in S. Couperus, C. Smit and D. J. Wolffram (eds), *In Control of the City: Local Elites and the Dynamics of Urban Politics, 1800-1960* (Leuven: Peeters), 41-52.

8   Garrard, J. (1983), *Leadership and Power in Victorian Industrial Towns 1830-80* (Manchester: Manchester University Press); Trainor, R.H. (1993), *Black Country Elites: The Exercise of Authority in an Industrial Area 1830-1900* (Oxford: Oxford University Press); Doyle, B. M. (1997), "The Structure of Elite Power in the Early Twentieth-century City: Norwich, 1900-35", *Urban History* 24: 179-199.

9   Miskell, L. (2007), "Urban Power, Industrialization and Political Reform: Swansea Elites in the Town and Region, 1780-1850", in R. Roth and R. Beachy (eds), *Who Ran the Cities? City Elites and Urban Power Structures in Europe and North America, 1750-1940* (Aldershot: Ashgate), 21-36; Corfield, P. (1982), *The Impact of English Towns* (Oxford: Oxford University Press), 177-8; Sweet, *English Town*, 147.

10 Ewen, S. (2004), "Power and Administration in Two Midland Cities, c.1870-1938", 미출간 박사학위 논문 (University of Leicester); Hennock, "Social Composition", 324; Moore, J. and Rodger, R. (2007), "Who Really Ran the Cities? Municipal Knowledge and Policy Networks in British Local Government, 1832-1914", in Roth and Beachy (eds), *Who Ran The Cities?*, 51.

11 Hayes, N. (1996), *Consensus and Controversy: City Politics in Nottingham 1945-1966* (Liverpool: Liverpool University Press); Doyle, "Structure of Elite Power", 179-199.

12 Kaal, H. (2007), "Key to the City: New Elites in Amsterdam and Mayor Willem de Vlugt, 1921-1941", in Couperus, Smit and Wolffram (eds), *In Control of the City*, 53-68; Couperus, S. (2007), "Backstage Politics: Municipal Directors and Technocratic Ambitions in Amsterdam, 1916-1930", in Couperus, Smit and Wolffram (eds), *In Control of the City*, 175-189.

13 Hanes, J. (2002), *The City as Subject: Seki Hajime and the Reinvention of Modern Osaka* (Berkeley: University of California Press); Lafi, N. (2005), *Municipalités Méditerranéennes. Les Réformes Urbaines Ottomanes au Miroir d'une Histoire Comparée* (Berlin: Klaus Schwarz Verlag).

14 Henriot, *Shanghai, 1927-1937*.

15 Geertz, C. (1973), *The Interpretation of Cultures: Selected Essays* (New York:

Basic Books).
16 Morris, R. J. (2000), "Governance: Two Centuries of Urban Growth", in R. J. Morris and R. H. Trainor (eds), *Urban Governance: Britain and Beyond since 1750*. (Aldershot: Ashgate), 1.
17 Roth, R. (2007), "German Urban Elites in the Eighteenth and Nineteenth Centuries", in Roth and Beachy (eds), *Who Ran The Cities?*, 127-160.
18 Morris, R. J. (1983), "Voluntary Societies and British Urban Elites, 1780-1850: An Analysis", *Historical Journal* 26: 95-118; Morris, R. J. (1990), *Class, Sect and Party: The Making of the British Middle Class* (Manchester: Manchester University Press); Morris, R. J. (1998), "Civil Society and the Nature of Urbanism: Britain, 1750-1850", *Urban History* 25: 291; Roth, "German Urban Elites", 148.
19 Valérian, D. (2013), "Middle East: 7th-15th Centuries", in Clark (ed.), *Oxford Handbook*, 258-274; Boyar, E. (2013), "The Ottoman City: 1500-1800", in Clark (ed.), *Oxford Handbook*, 275-291, 인용은 285.
20 Morris, "Governance", 1.
21 Morris, "Civil Society", 296-297; Morton, G., de Vries, B., and Morris, R. J. (eds), (2006) *Civil Society, Associations and Urban Places: Class, Nation and Culture in Nineteenth-Century Europe* (Aldershot: Ashgate).
22 Rodger, R. (2001), *The Transformation of Edinburgh: Land, Property and Trust in the Nineteenth Century* (Cambridge: Cambridge University Press).
23 DiGaetano, A. (2009), "The Birth of Modern Urban Governance: A Comparison of Political Modernization in Boston, Massachusetts, and Bristol, England, 1880-1870", *Journal of Urban History* 35: 259-287.
24 DiGaetano, "Modern Urban Governance", 인용은 262.
25 DiGaetano, "Modern Urban Governance", 267-279; Prest, J. (1990), *Liberty and Locality: Parliament, Permissive Legislation, and Ratepayers' Democracies in the Nineteenth Century* (Oxford: Clarendon Press); Miller, Z. (1970), *Boss Cox's Cincinnati: Urban Politics in the Progressive Era* (New York: Oxford University Press); Flanagan, M. (2006), *America Reformed: Progressives and Progressivism, 1890s-1920s* (New York: Oxford University Press).
26 Gordon, C., Miller, P. and Burchell, G. (eds) (1991), *The Foucault Effect: Studies in Governmentality* (Hemel Hempstead: Harvester Wheatsheaf).
27 Joyce, P. (2003), *The Rule of Freedom: Liberalism and the Modern City* (London: Verso).
28 Otter, C. (2008), *The Victorian Eye: A Political History of Light and Vision in Britain, 1800-1910* (Chicago: University of Chicago Press); Croll, A. (2000),

Civilizing the Urban: Popular Culture and Public Space in Merthyr, c.1870-1914 (Cardiff: University of Wales Press).
29 Falkus, M. (1969), "The British Gas Industry before 1850", *Economic History Review, Second Series* 20: 494-508.
30 Ewen, "Power and Administration", 232-236.
31 조이스와 오터 둘 다 브뤼노 라투르의 '블랙박스' 표현을 사용하며 위생과 조명 개혁이 과학과 기술 문제로 취급되고 정치적 도구와 분리된 방식을 규명한다. Latour, B. (1987), *Science in Action: How to Follow Scientists and Engineers through Society* (Cambridge, MA: Harvard University Press).
32 예를 들어 Brown-May, A. (1998), *Melbourne Street Life: The Itinerary of Our Days* (Kew, Victoria: Australian Scholarly); Furnée, J.-H. (2013), "'Le bon public de la Haye'. Local Governance and the Audience in the French Opera in The Hague, 1820-1890", *Urban History* 40: 624-645; Kenny, N. (2014), *The Feel of the City: Experiences of Urban Transformation* (Toronto: University of Toronto Press).

4장 _ 도시와 환경

1 McNeill, J. (2000), *Something New Under the Sun: An Environmental History of the Twentieth-Century World* (York: W.W. Norton), 282, 353-354.
2 Tarr, J. A. (1996), *The Search for the Ultimate Sink: Urban Pollution in Historical Perspective* (Akron: University of Akron Press), xxix.
3 Melosi, M. V. (2010), "Humans, Cities, and Nature: How Do Cities Fit in the Material World?", *Journal of Urban History* 36: 4.
4 Mosley, S. (2006), "Common Ground: Integrating Social and Environmental History", *Journal of Social History* 39: 915-933; Gunn, S. and Owens, A. (2006), "Nature, Technology and the Modern City: An Introduction", *Cultural Geographies* 13: 494.
5 Melosi, M. (2011), "Mainstreaming Environmental History", and Walker, R., "On the Edge of Environmental History", in K. Coulter and C. Mauch (eds), *The Future of Environmental History: Needs and Opportunities* (Munich: Rachel Carson Center for Environment and Society), 33, 48-52.
6 Worster, D. (1988), *The Ends of the Earth: Perspectives on Modern Environmental History* (Cambridge: Cambridge University Press), 292.
7 Worster, D. (1990), "Transformations of the Earth: Toward an Agroecological Perspective in History", *Journal of American History* 76: 1088-1089.

8   Worster, *Ends of the Earth*, 8-10. 인류세의 역사적 가치에 대해서는 Chakrabarty, D. (2009), "The Climate of History: Four Theses", *Critical Enquiry* 35: 207-208.
9   Worster, "Transformations of the Earth", 1090-1091.
10 Worster, *Ends of the Earth*, 292-293.
11 Cronon, W. (1990), "Modes of Prophecy and Production: Placing Nature in History", *Journal of American History* 76: 1130.
12 Melosi, "Humans, Cities, and Nature", 5, 8, 14; Jacobs, *Death and Life*, 443-444.
13 Rosen, C. M. and Tarr, J. A. (1994), "The Importance of an Urban Perspective in Environmental History", *Journal of Urban History* 20: 307.
14 Cronon, W. (1991), *Nature's Metropolis: Chicago and the Great West* (New York: W.W. Norton).
15 Sawislak, K. (1995), *Smoldering City: Chicagoans and the Great Fire, 1871-1874* (Chicago: Chicago University Press); Smith, C. (1995), *Urban Disorder and the Shape of Belief: The Great Chicago Fire, the Haymarket Bomb, and the Model Town of Pullman* (Chicago: University of Chicago Press).
16 Sawislak, *Smoldering City*, 2장; Rosen, C. M. (1986), *The Limits of Power: Great Fires and the Process of City Growth in America* (Cambridge: Cambridge University Press).
17 Wermiel, S. (2000), *The Fireproof Building: Technology and Public Safety in the Nineteenth-Century American City* (Baltimore: The Johns Hopkins University Press), 81.
18 시립박물관에서는 화재에 관한 정기 및 상설 전시회를 개최하고 있다. 자세한 내용은 시카고 역사박물관 웹사이트를 참조하라. 〈http://chicagohistory.org/〉. 또는 The Great Chicago Fire & The Web of Memory 온라인 전시와 투어를 이용할 수 있다. 〈http://www.greatchicagofire.org/〉. 최근의 다큐멘터리영화는 Chicago: City of the Century (PBS, 2003), 그리고 *Unsolved History*, "Great Chicago Fire", season 2, episode 10 (10 February 2004).
19 좋은 초기 사례들로는 Hamlin, C. (1988), "Muddling in Bumbledom: On the Enormity of Large Sanitary Improvements in Four British Towns, 1855-1885", *Victorian Studies* 32: 55-83; Tarr, Ultimate Sink; Melosi, M. V. (1999), *The Sanitary City: Urban Infrastructure in America from Colonial Times to the Present* (Baltimore: The Johns Hopkins University Press).
20 Bernhardt, C. (ed.) (2001), *Environmental Problems in European Cities in the 19th and 20th Century* (Munster: Waxmann); Schott, D., Luckin, B. and Massard-Guilbard, G. (eds) (2005), *Resources of the City: Contributions to an Environmental History of Modern Europe* (Aldershot: Ashgate); Mosley, S. and Massard-Guilbaud,

G. (eds) (2011), *Common Ground: Integrating the Social and Environmental in History* (Newcastle: Cambridge Scholars Publishing).
21 Platt, H. L. (2005) *Shock Cities: The Environmental Transformation and Reform of Manchester and Chicago* (Chicago: Chicago University Press), 인용은 xiv.
22 예를 들어 Wohl, A. S. (1983), *Endangered Lives: Public Health in Victorian Britain* (London: J. M. Dent & Sons); Luckin, B. (1986), *Pollution and Control: A Social History of the Thames in the Nineteenth Century* (Bristol: Hilger); Bernhardt, C. and Massard-Guilbaud, G. (eds) (2002), *The Modern Demon: Pollution in Urban and Industrial European Societies* (Clermont-Ferrand: Presses Universitaires Blaise-Pascal); Thompson, F. M. L. (1976), "Nineteenth-Century Horse Sense", *The Economic History Review*, New Series 29: 60-81; McShane, C. and Tarr, J. A. (2007), *The Horse in the City: Living Machines in the Nineteenth Century* (Baltimore: The Johns Hopkins University Press).
23 점점 다양해지는 물의 도시사는 Pinol, J.-L. and Menjot, D. (eds) (2000), *Water and European Cities from the Middle Ages to the Nineteenth Century* (Aldershot: Ashgate); Blackbourn, D. (2007), *The Conquest of Nature: Water, Landscape and the Making of Modern Germany* (New York: W.W. Norton); Brioch, J. (2013), *London: Water and the Making of the Modern City* (Pittsburgh: University of Pittsburgh Press); Smith, C. (2013), *City Water, City Life: Water and the Infrastructure of Ideas in Urbanizing Philadelphia, Boston, and Chicago* (Chicago: University of Chicago Press); Guillerme, A. (2013), *The Age of Water: The Urban Environment in the North of France, A.D. 300-1800* (Austin: Texas A&M University Press).
24 최근의 이 같은 비교 연구 가운데 하나로 Gotham, K. F. and Greenberg, M. (2014) *Crisis Cities: Disaster and Redevelopment in New York and New Orleans* (New York: Oxford University Press).
25 Ewen, S. (2014), "Sheffield's Great Flood of 1864: Engineering Failure and the Municipalisation of Water", *Environment & History* 20: 177-207; Ewen, S. (2014), "Socio-technological Disasters and Engineering Expertise in Victorian Britain: The Holmfirth and Sheffield Floods of 1852 and 1864", *Journal of Historical Geography* 46: 13-25.
26 Weintritt, O. (2009), "The Floods of Baghdad: Cultural and Technological Responses", in C. Mauch and C. Pfister (eds) (2009), *Natural Disasters, Cultural Responses: Case Studies Toward a Global Environmental History* (Lanham: Lexington Books), 165-182.
27 Tarr, *Ultimate Sink*, 8-9.

28 Smith, *City Water*, 14-27.
29 Smith, *City Water*, 5, 52.
30 Philo, C. (2000), "More Words, More Worlds: Reflections on the 'Cultural Turn' and Human Geography", in I. Cook, D. Crouch, S. Naylor and J. Ryan (eds) (2000), *Cultural Turns / Geographical Turns: Perspectives on Cultural Geography* (Harlow: Prentice Hall), 33.
31 Swyngedouw, E. (2004), *Social Power and the Urbanization of Water: Flows of Power* (Oxford: Oxford University Press); Gandy, M. (2002), *Concrete and Clay: Reworking Nature in New York City* (Cambridge, MA: MIT Press); Kaika, M. (2005), *City of Flows: Modernity: Nature, and the City* (London: Routledge); Falck, Z. (2011), *Weeds: An Environmental History of Metropolitan America* (Pittsburgh: University of Pittsburgh Press).
32 Gandy, *Concrete and Clay*, 22-23.
33 Gandy, *Concrete and Clay*, 32, 35.
34 Gandy, *Concrete and Clay*, 19, 28-29.
35 Frioux, S. (2012), "At a Green Crossroads: Recent Theses in Urban Environmental History in Europe and North America", *Urban History* 39: 529, 538-539; Glaeser, E. (2011), *Triumph of the City: How Urban Spaces Make Us Human* (London: Macmillan); Hall, P. (2013), *Good Cities, Better Lives: How Europe Discovered the Lost Art of Urbanism* (London: Routledge).
36 최근의 예로는 Elvin, M. (2004), *The Retreat of the Elephants: An Environmental History of China* (New Haven: Yale University Press); Mikhail, A. (2012), *Nature and Empire in Ottoman Egypt: An Environmental History* (Cambridge: Cambridge University Press); Mikhail, A. (ed.) (2013), *Water on Sand: Environmental Histories of the Middle East and North Africa* (Oxford: Oxford University Press); Josephson, P. et al. (2013), *An Environmental History of Russia* (Cambridge: Cambridge University Press).
37 Mauch, C. (2009) "Introduction", in Mauch and Pfister (eds), *Natural Disasters, Cultural Responses*, 9.
38 Bankoff, G. (2012), "A Tale of Two Cities: The Pyro-Seismic Morphology of Nineteenth-Century Manila", in G. Bankoff, U. Lübken and J. Sand (eds), *Flammable Cities: Urban Conflagration and the Making of the Modern World* (Madison: University of Wisconsin Press), 170-189; Bankoff, G. (2009), "Cultures of Disaster, Cultures of Coping: Hazard as a Frequent Life Experience in the Philippines", in Mauch and Pfister (eds), *Natural Disasters, Cultural Responses*, 265-284; Frost, L. (1997), "Coping in Their Own Way: Asian Cities and the

Problem of Fires", *Urban History* 24: 5-16.
39 Mauch, "Introduction", 9.
40 Davies, A. R. (2012), "Points of Origin: The Social Impact of the 1906 San Francisco Earthquake and Fire", in Bankoff, Lübken and Sands (eds), *Flammable Cities*, 273-292; Ewen, S. (2010), *Fighting Fires: Creating the British Fire Service, 1800-1978* (Basingstoke: Palgrave), 30-50; Massard-Guilbaud, G. and Rodger, R. (eds) (2011), *Environmental and Social Justice in the City: Historical Perspectives* (Cambridge: White Horse Press).
41 Wilson, G. (2009), "The City and Public History", *Journal of Urban History* 20: 1-12.

5장 _ 도시 문화와 근대성

1 Wirth, L. (1938), "Urbanism as a Way of Life", *American Journal of Sociology* 44: 1-24.
2 De Certeau, M. (1984), *The Practice of Everyday Life* (Berkeley: University of California Press).
3 이러한 문헌의 좋은 예는 Esherick, J. (ed.) (2000), *Remaking the Chinese City: Modernity and National Identity, 1900-1950* (Honolulu: University of Hawai'i Press).
4 Berman, M. (1983), *All That is Solid Melts into Air: The Experience of Modernity* (London: Verso), 15.
5 다음 책의 서론을 보라. Rieger, B. and Daunton, M. J. (eds) (2001), *Meanings of Modernity: Britain from the Late Victorian Era to World War II* (Oxford: Berg).
6 Gunn, *History and Cultural Theory*, 122-123.
7 Olsen, *City as a Work of Art*, 35-53, 69-81; 인용은 43, 69, 73.
8 Gunn, S. (2000), *The Public Culture of the Victorian Middle Class: Ritual and Authority in the English Industrial City 1840-1914* (Manchester: Manchester University Press), 36-59, 인용은 37, 41.
9 Almandoz, A. (2002), "Urbanization and Urbanism in Latin America: From Haussmann to CIAM", in Almandoz (ed.), *Planning Latin America's Capital Cities*, 13-44, 인용은 24.
10 Volait, M. and Al-Asad, M. (2013), "Middle East", in Clark (ed.), Oxford Handbook, 604-611; Hanssen, J. (2005), *Fin de Siècle Beirut: The Making of an Ottoman Provincial Capital* (Oxford: Oxford University Press); Çelik, Z.

(2008), *Empire, Architecture, and the City: French-Ottoman Encounters, 1830-1914* (Seattle: University of Washington Press); Elsheshtawy, Y. (ed.) (2008), *The Evolving Arab City: Tradition, Modernity and Urban Development* (New York: Routledge); Elsheshtawy, Y. (ed.) (2009), *Planning Middle Eastern Cities: An Urban Kaleidoscope* (New York: Routledge); Gül, M. (2009), *The Emergence of Modern Istanbul: Transformation and Modernisation of a City* (London: Tauris); Kassir, S. (2010), *Beirut* (Berkeley: University of California Press).

11 Steinberg, M. (2011), *Petersburg Fin de Siècle* (New Haven: Yale University Press), 10-17, 63-65, 인용은 63, 11.

12 Steinberg, *Petersburg*, 63; Gunn, *Public Culture*, 60-61.

13 Schorske, C. (1980), *Fin-de-siècle Vienna: Politics and Culture* (New York: Knopf); Bender, T. and Schorske, C. (1994), *Budapest and New York: Studies in Metropolitan Transformation, 1870-1930* (New York: Russell Sage); Gyani, G. (2004), *Identity and the Urban Experience: Fin-de-Siècle Budapest* (Wayne, New Jersey: Center for Hungarian Studies and Publications).

14 Gimbel, B. (12 March 2007), "The Richest City in the World", Fortune, ⟨http://archive.fortune.com/magazines/fortune/fortune_archive/2007/03/19/8402357/index.htm⟩; Chatterton, P. and Hodkinson, S. (spring 2007), "Leeds: Skyscraper City", *The Yorkshire and Humber Regional Review*, 30-32.

15 Ladd, B. (1997), *The Ghosts of Berlin: Confronting German History in the Urban Landscape* (Chicago: University of Chicago Press), 175-216; Goldberger, P. (2001), "The World Trade Center: Rising in Sheer Exaltation", in S. Costello (ed.), *The World Trade Center Remembered* (New York: Abbeville Press), 14. 다음도 참고하라. Goldberger, P. (1986), *The Skyscraper* (New York: Knopf); Nasr, J. (2003), "Planning Histories, Urban Futures, and the World Trade Center Attack", *Journal of Planning History* 2: 195-211; Page, M. (2008), *The City's End: Two Centuries of Fantasies, Fears, and Premonitions of New York's Destruction* (New Haven: Yale University Press), 189-203.

16 Isenberg, A. (2004), *Downtown America: A History of the Place and the People Who Made It* (Chicago: University of Chicago Press), 4-5, 50-58.

17 Walkowitz, J. (1992), *City of Dreadful Delight: Narratives of Sexual Danger in Late-Victorian London* (London: Virago), 인용은 46; Nead, L. (2000), *Victorian Babylon: People, Streets, and Images in Nineteenth-century London* (New Haven: Yale University Press); Rappaport, E. (2000), *Shopping for Pleasure: Women in the Making of London's West End* (Princeton: Princeton University Press).

18 Rappaport, E. (1996), "'The Halls of Temptation': Gender, Politics, and the

Construction of the Department Store in Late Victorian London", *Journal of British Studies* 35: 58-83; Brown-May, *Melbourne Street Life*, 95-107; 인용은 106.

19 Volait and Al-Asad, "Middle East", 611.
20 Simon, B. (2002), "New York Avenue: The Life and Death of Gay Spaces in Atlantic City, New Jersey, 1920-1990", *Journal of Urban History* 28: 300-327, 인용은 314.
21 Simon, "New York Avenue", 319-321.
22 Fishman, R. (1982), *Urban Utopias in the Twentieth Century: Ebenezer Howard, Frank Lloyd Wright, Le Corbusier* (Cambridge, MA: MIT Press).
23 McShane, C. (1999), "The Origins and Globalization of Traffic Control Signals", *Journal of Urban History* 25: 379-404; Gunn, S. (2010), "The Rise and Fall of British Urban Modernism: Planning Bradford 1945-1970", *Journal of British Studies* 58: 849-869; Biles, R., Mohl, R. and Rose, M. (2014), "Revisiting the Urban Interstates: Politics, Policy, and Culture since World War II", *Journal of Urban History* 40: 827-830.
24 Klemek, *Transatlantic Collapse of Urban Renewal*, 21-77; Shoshkes, E. (2013), *Jaqueline Tyrwhitt: A Transnational Life in Urban Planning and Design* (Aldershot: Ashgate).
25 Jacobs, "Downtown is for People", 인용은 160, 165.
26 Hollow, M. (2010), "Governmentality on the Park Hill Estate: The Rationality of Public Housing", *Urban History* 37: 127; Moran, J. (2012), "Imagining the Street in Post-War Britain", *Urban History* 39: 166-186.
27 Moran, "Imagining the Street", 175-177; Shapely, P. (2011), "Planning, Housing and Participation in Britain, 1968-1976", *Planning Perspectives* 26: 75-90.
28 Calavita, N. and Ferrer, A. (2000), "Behind Barcelona's Success Story: Citizen Movements and Planners' Power", *Journal of Urban History* 26: 793-807; Mohl, R. (2004), "Stop the Road: Freeway Revolts in American Cities", *Journal of Urban History* 30: 674-706; Klemek, *Transatlantic Collapse*, 133-160; Haumann, S. (2013), "Disputed Transformations: Deindustrialization and Redevelopment of Cologne's 'Stollwerck' Factory, 1970-1980", *Urban History* 40: 156-173.
29 Fischer, *Poverty of Rights*, 62-66; Lu, "Creating Urban Outcasts", 573.
30 Chopra, P. (2011), *A Joint Enterprise: Indian Elites and the Making of British Bombay* (Minneapolis: University of Minnesota Press), 73-115, 인용은 78, 114; Chattopadhyay, S. (2005), *Representing Calcutta: Modernity, Nationalism, and the Colonial Uncanny* (London: Routledge); Abu-Lughod, J. (1980), *Rabat: Urban Apartheid in Morocco* (Princeton: Princeton University Press); Bickford-Smith,

Ethnic Pride and Racial Prejudice.

31 Volait and Al-Asad, "Middle East", 609; Dong, M. Y. (2000), "Defining Beiping: Urban Reconstruction and National Identity, 1928-1936", in Esherick (ed.), *Remaking the Chinese City*, 121-135.
32 Gyani, *Identity and the Urban Experience.*
33 Gunn, *History and Cultural Theory*, 124-126.
34 Steinberg, *Petersburg*, 24-26; Walkowitz, *City of Dreadful Delight*, 15-18.
35 Fritzsche, P. (1996), *Reading Berlin 1900* (Cambridge, MA: Harvard University Press), 4-9; Steinberg, *Petersburg*, 58.
36 *Man With A Movie Camera*, dir. Dziga Vertov (1929).
37 *Man With A Movie Camera*; Walkowitz, *City of Dreadful Delight*, 41-80.
38 Chauncey, *Gay New York*, 179-206.
39 Churchill, D. (2004), "Mother Goose's Map: Tabloid Geographies and Gay Male Experience in 1950s Toronto", *Journal of Urban History* 30: 837-838; Houlbrook, M. (2005), *Queer London: Perils and Pleasures in the Sexual Metropolis, 1918-1957* (Chicago: Chicago University Press), 1-8, 264-265, 인용은 4; Chauncey, *Gay New York*, 179.
40 Houlbrook, *Queer London*, 5, 222-223; Churchill, "Mother Goose's Map", 827-828.

6장 _ 초국가적 도시사

1 인용은 Vertovec, S. (2009), *Transnationalism* (London: Routledge), 10.
2 Appadurai, A. (1996), *Modernity at Large: Cultural Dimensions of Globalization* (Minneapolis: University of Minnesota Press).
3 Smith, M. P. (2001), *Transnational Urbanism: Locating Globalization* (Oxford: Blackwell).
4 Sellers, J. (2005), "Re-placing the Nation: An Agenda for Comparative Urban Politics", *Urban Affairs Review* 60: 420.
5 Hall, P. (1998), *Cities in Civilization: Culture, Innovation and Urban Order* (London: Weidenfeld); Hietala, M. and Clark, P. (2013), "Creative Cities", in Clark (ed.), *Oxford Handbook*, 720-736.
6 Warner, S. B., Jr (1972), *The Urban Wilderness: A History of the American City* (New York: Harper & Row), 57.
7 Saunier, P.-Y. (2008), "Learning by Doing: Notes about the Making of the Palgrave

Dictionary of Transnational History", *Journal of Modern European History* 6: 159-180.
8   Iriye, A. and Saunier, P.-Y. (2009), "Introduction: The Professor and the Madman", in A. Iriye and P.-Y. Saunier (eds), *The Palgrave Dictionary of Transnational History* (New York: Palgrave), xviii.
9   Seigel, M. (2005), "Beyond Compare: Comparative Method after the Transnational Turn", *Radical History Review* 9: 63.
10 Bayly, C. A., Beckert, S., Connelly, M., Hofmeyr, I., Kozol, W. and Seed, P. (2006), "AHR Conversation: On Transnational History", *American Historical Review* 111: 1442-1443.
11 "AHR Conversation", Beckert의 언급, 1445.
12 예를 들어 다음을 포함한다. Saunier, P.-Y. (ed.) (2002), "Special Issue: Municipal Connections: Co-operation, Links and Transfers among European Cities in the Twentieth Century", *Contemporary European History* 11: 507-640; Ethington, P., Reiff, J. and Levitus, D. (eds) (2009), "Special Issue: Transnational Urbanism in the Americas", *Urban History* 36: 195-326. 팰그레이브 맥밀런Palgrave Macmillan 출판사는 아키라 이리에Akira Iriye와 라나 미터Rana Mitter가 편집하는 초국가적 역사 총서를 출판한다.
13 이 문헌에는 다음이 포함된다. Sutcliffe, A. S. (1981), *Towards the Planned City: Germany, Britain, the United States and France, 1780-1914* (Oxford: Blackwell); Simpson, M. (1985), *Thomas Adams and the Modern Planning Movement: Britain, Canada, and the United States, 1900-1940* (London: Mansell); Freestone, R. (ed.) (2000), *Urban Planning in a Changing World: The Twentieth Century Experience* (London: E&FN Spon).
14 Hall, P. (1988), *Cities of Tomorrow: An Intellectual History of Urban Planning and Design in the Twentieth Century* (Oxford: Blackwell); Cherry, G. (1974), *The Evolution of British Town Planning* (London: Leonard Hill).
15 Saunier, P.-Y. (1999), "Changing the City: Urban International Information and the Lyon Municipality, 1900-1940", *Planning Perspectives* 14: 19-48.
16 Meller, H. (2001), *European Cities 1890-1930s: History, Culture and the Built Environment* (London: Wiley & Sons), 3, 251.
17 다음을 참고하라. Hein, C. (2014), "The Exchange of Planning Ideas from Europe to the USA after the Second World War", *Planning Perspectives* 29; Mumford, E. (2000), *The CIAM Discourse on Urbanism, 1928-1960* (Cambridge, MA: MIT Press).
18 Nasr, J. and Volait, M. (eds) (2003), *Urbanism -Imported or Exported?- Native Aspirations and Foreign Plans* (Chichester: John Wiley); Ward, S. V. (2010),

"Transnational Planners in a Postcolonial World", in P. Healey and R. Upton (eds) (2010), *Crossing Borders: International Exchange and Planning* (New York: Routledge), 47-72.
19   Çelik, Empire, *Architecture, and the City; Lafi, Municipalités Méditerranéennes.*
20   Kwak, N. H. (2008) "Selling the City-State: Planning and Housing in Singapore, 1945-1990", in P.-Y. Saunier and S. Ewen (eds), *Another Global City: Historical Explorations into the Transnational Municipal Moment, 1800-2000* (New York: Palgrave), 인용은 94.
21   Almandoz, A. (1999), "Transfer of Urban ideas: The Emergence of Venezuelan Urbanism in the Proposals for 1930s Caracus", *International Planning Studies* 4; 79-94.
22   Griffiths, J. (2009), "Were There Municipal Networks in the British World c.1890-1939?", *The Journal of Imperial and Commonwealth History* 37: 575-597, 인용은 581; Griffiths, J. (2008), "Civic Communication in Britain: A Study of the Municipal Journal c.1893-1910", *Journal of Urban History* 34: 775-794
23   Hietala, M. (1987), *Services and Urbanization at the Turn of the Century: The Diffusion of Innovations* (Helsinki: Societas Historica Finlandiae), 37; Rogers, E. (1983), *Diffusion of Innovations* (New York: Free Press).
24   나의 연구는 두 저자의 영향을 받았다. 다음을 보라. Ewen, S. (2005), "The Internationalization of Fire Protection: In Pursuit of Municipal Networks in Edwardian Birmingham", *Urban History* 32: 288-307.
25   Rodgers, D. T. (1996), *Atlantic Crossings: Social Politics in a Progressive Age* (New Haven: Harvard University Press), 33-34. 클레멕Klemek의 국제적 '도시재생 질서'의 진화에 관한 연구는 로저스의 접근 방식을 출발점으로 삼고 있다. *Transatlantic Collapse*, 48. 이 문헌에 관한 최근 연구는 다음을 보라. Kwak, N. H. (2008), "Research in Urban History: Recent Theses on International and Comparative Urban History", *Urban History* 35: 316-325.
26   Rodgers, *Atlantic Crossings*, 132-159; Shaw, A. (1895), *Municipal Government in Great Britain* (London: T. Fisher Unwin); Shaw, A. (1895), *Municipal Government in Continental Europe* (New York: Century).
27   해리스에 대해서는 다음을 보라. Couperus, S. and Ewen, S. (forthcoming 2015), "Whose 'Urban Internationale'? Intermunicipalism in Europe, c.1924-36: The Value of a Decentrist Approach to Transnational Urban History", in Madgin and Kenny (eds), *Comparative and Transnational Approaches to Urban History.*
28   Hietala, *Services and Urbanization*, 361-381.
29   Hietala, *Services and Urbanization*, 394-395.

추가 읽을거리

다음에 제안하는 목록은 도시사 분야에서 제출된 연구의 범위와 폭이 얼마나 인상적인지 보여 준다. 선별적이고 주관적인 선택이지만 가능한 한 폭넓은 분야를 다루려고 노력했다. 이 분야에 대한 더 포괄적인 개요를 제공하기 위해 도시사에서 핵심적인 텍스트라고 생각되는 텍스트와 최근에 출판된 텍스트를 포함시켰다. 각 장의 내용처럼 읽을거리 목록은 겹치는 부분이 많으므로 전체적으로 읽는 게 도움이 될 것이다. 추가 연구를 위한 출발점으로 이 목록을 각 장의 주석과 함께 참고하면 좋겠다.

1장 _ 도시사의 발전

도시사 분야 전체에 관한 가장 좋은 입문서는 Dyos, H. J. (ed.) (1968), *The Study of Urban History* (London: Edward Arnold); Fraser, D. and Sutcliffe, A. S. (eds) (1983), *The Pursuit of Urban History* (London: Edward Arnold). 핵심 개념의 정의에 대해서는 Jansen, H. (2001), *The Construction of an Urban Past: Narrative and System in Urban History* (London: Bloomsbury). 미국 도시사에 관한 흥미롭고 정치적인 소개를 원한다면 Warner, Jr, S. B. (1972), *The Urban Wilderness: A History of the American City* (New York: Harper & Row). 미국의 도시화에 대한 더 일반적인 개요는 Brownell, B. A. and Goldfield, D. R. (1990), *Urban America: A History* (Boston: Houghton Mifflin). 유럽 도시사의 명확한 정리는 Pinol, J.-L. (ed.) (2003), *Histoire de l'Europe urbaine* (Paris: Seuil), and Clark, P. (2009), *European Cities and Towns, 400-2000* (Oxford: Oxford University Press). 라틴아메리카 도시사에 대한 최고의 입문은 Almandoz, A. (ed.) (2002), *Planning Latin America's Capital Cities, 1850-1950* (London: Routledge), 중국 도시사에 대해서는 핵심적 역사 서술이 잘 되어 있는 Haiyan, L. and Stapleton, K. (2006), "Chinese Urban History: State of the Field",

China Information 20: 391-427. 토비 링컨Toby Lincoln과 류 하이옌Liu Haiyan이 편집을 맡고, 제프리 와세스트롬Jeffrey Wasserstrom의 훌륭한 서론이 실려 있는 *Urban History* 38 (2011) 특집호도 있다. Clark, P. (ed.) (2013), *The Oxford Handbook of Cities in World History* (Oxford: Oxford University Press) [민유기 옮김, 《옥스퍼드 세계도시문명사》 (책과함께, 2023)]는 다양한 주제와 지리적 범위를 아우르는 훌륭한 시론들을 포함한다. 학술지 *Urban History*와 *Journal of Urban History*에는 최근에 좋은 연구들이 많이 게재되었다. 2008년부터 *Urban History*에 연례 논문 비평이 게재되고 있는데, 국제적·비교적 맥락에서 최첨단 연구를 접할 수 있는 좋은 자료이다. 도시사 연구에 대한 최신 온라인 토론을 접하고 싶은 독자는 H-URBAN에 가입해야 하고, Urban History Group, Urban History Association, European Association for Urban History 등의 학술대회 진행 과정을 온라인으로 열람하면 초록 및 기타 주요 정보 링크를 확인할 수 있다.

2장 _ 도시, 공간, 정체성

도시 공간과 사회적 정체성 사이의 관계와 관련된 주제 및 개념에 대한 명확한 개요와 훌륭한 사례 연구를 포함한 책으로 Gunn, S. and Morris, R. J. (eds) (2001), *Identities in Space: Contested Terrains in the Western City since 1850* (Aldershot: Ashgate). 도시의 공간 분리에 대한 최근의 글로벌 관점은 다음을 보라. Nightingale, C. (2012), *Segregation: A Global History of Divided Cities* (Chicago: University of Chicago Press). 다음 책은 여러 장에 걸쳐 도시 불평등에 대한 훌륭한 내용을 다루고 있다. Clark, P. (ed.) (2013), *The Oxford Handbook of Cities in World History* (Oxford: Oxford University Press), [민유기 옮김, 《옥스퍼드 세계도시문명사》 (책과함께, 2023)]. Freund, B. (2007), *The African City* (Cambridge: Cambridge University Press)는 아프리카 도시들의 불평등 문제에 대한 많은 가치 있는 내용을 담고 있다. 교외화에 대한 많은 역사 자료 중 관련 문헌에 관한 좋은 개요는 McManus, R. and Ethington, P. J. (2007), "Suburbs in Transition: New Approaches to Suburban History", *Urban History* 34: 317-337. 노동계급 주거를 개괄하는 Daunton, M. J.

(ed.) (1990), *Housing the Workers, 1850-1914: A Comparative Perspective* (London: Pinter)는 국제적 비교의 틀을 제공한다. 더 일반적으로 Rodger, R. (1995), *Housing in Urban Britain 1780-1914* (Cambridge: Cambridge University Press)는 주거 및 도시 형태에 대해서 역사가들이 마주했던 주제, 문제 및 일차 사료에 대한 훌륭한 소개를 제공한다. 젠더, 섹슈얼리티, 도시 관계에 관한 최근 연구로는 Pluskota, M. (2014), "Research in Urban History: Recent Ph.D. Theses on Gender and the City, 1550-2000", *Urban History* 41: 537-546. 미국 도시들의 섹슈얼리티 관련 최근 역사 서술에 대한 좋은 개요는 Potter, C. (2014), "A Queer Public Sphere: Urban History's Sexual Landscape", *Journal of Urban History* 40: 812-822. 인종, 민족, 도시 공간 간의 관계에 대한 최근의 좋은 연구들에는 다음이 포함된다. Chua, L. (2014), "The City and the City: Race, Nationalism, and Architecture in Early Twentieth-century Bangkok", *Journal of Urban History* 40: 933-958; Carnevale, N. C. (2014), "Italian American and African American Encounters in the City and in the Suburb", *Journal of Urban History* 40: 536-562.

3장 _ 도시 통치하기

지방정부와 도시 거버넌스에 관한 훌륭한 개요인 Morris, R. J. and Trainor, R. H. (eds) (2000), *Urban Governance: Britain and Beyond since 1750* (Aldershot: Ashgate)에는 모리스의 훌륭한 서론과 매우 좋은 사례 연구가 포함되어 있다. Doyle, B. M. (ed.) (2007), *Urban Politics and Space in the Nineteenth and Twentieth Centuries: Regional Perspectives* (Newcastle-upon-Tyne: Cambridge Scholars Press)는 더 최근의 연구이다. Roth, R. and Beachy, R. (eds) (2007), *Who Ran The Cities? City Elites and Urban Power Structures in Europe and North America, 1750-1940* (Aldershot: Ashgate)는 도시 엘리트층을 더 넓은 국제적 차원에서 고찰한다. Couperus, S., Smit, C. and Wolffram, D. J. (eds) (2007), *In Control of the City: Local Elites and the Dynamics of Urban Politics, 1800-1960* (Leuven: Peeters) 역시 폭넓은 내용을 다루고 있으며, 도시 엘리트의 개념을 비판적으로 반영한 사이먼 건Simon Gunn의 중

요한 장을 포함하고 있다. 다음의 책에서 자치체 노동자는 매우 필요한 역사 서술상의 관심을 받는다. Dagenais, M., Maver, I. and Saunier, P.-Y. (eds) (2003), *Municipal Services and Employees in the Modern City: New Historic Approaches* (Aldershot: Ashgate). 시민사회 개념과 적용에 대해서는 다음을 보라. Rodger, R. and Colls, R. (eds) (2004), *Cities of Ideas: Civil Society and Urban Governance in Britain 1800-2000* (Aldershot: Ashgate). 최근 도시행정 역사 관련 박사학위 논문들의 좋은 개요는 다음에서 확인할 수 있다. Couperus, S. (2010), "Research in Urban History: Recent Theses on Nineteenth- and Early Twentieth-century Municipal Administration", *Urban History* 38: 322-332.

4장 _ 도시와 환경

도시환경사 문헌은 빠르게 증가하고 있으며, 그 범위가 점점 더 전 세계적으로 확대되고 있다. 최근의 훌륭한 개요는 다음을 보라. Mosley, S. and Massard-Guilbaud, G. (eds) (2011), *Common Ground: Integrating the Social and Environmental in History* (Newcastle: Cambridge Scholars Publishing); Massard-Guilbaud, G. and Rodger, R. (eds) (2011), *Environmental and Social Justice in the City: Historical Perspectives* (Cambridge: White Horse Press). 도시환경사 관련 최근 박사학위 논문에 대한 매우 훌륭하고 중요한 비평은 Frioux, S. (2012), "At a Green Crossroads: Recent Theses in Urban Environmental History in Europe and North America", *Urban History* 39: 529-539. 도시환경 재난과 재건 계획에 관한 문헌도 마찬가지로 방대한데 훌륭한 요약과 사례 연구로는 Vale, L. and Campanella, T. (eds) (2005), *The Resilient City: How Modern Cities Recover from Disaster* (Oxford: Oxford University Press); Bankoff, G., Liibken, U. and Sand, J. (eds) (2012), *Flammable Cities: Urban Confiagration and the Making of the Modern World* (Madison: University of Wisconsin Press); 더 최근 연구로는 Gotham, K. F. and Greenberg, M. (2014), *Crisis Cities: Disaster and Redevelopment in New York and New Orleans* (New York: Oxford University Press). Page, M. (2010), *The City's End: Two Centuries of Fantasies, Fears, and*

Premonitions of New York's Destruction (New Haven: Yale University Press)는 환경 재앙, 외계인 침입, 거대 유인원 등이 파괴한 도시에 관한 매우 오락적인 문화사이다.

5장 _ 도시 문화와 근대성

도시 근대성에 대한 가장 잘 알려진 연구는 Harvey, D. (2005), *Paris, Capital of Modernity* (London: Routledge). 주요 이론가와 텍스트에 대한 아주 좋은 개요는 Gunn, S. (2006), *History and Cultural Theory* (Harlow: Pearson). 건Gunn은 알래스테어 오웬스Alastair Owens와 함께 '자연, 기술, 그리고 근대 도시' 특별호인 *Cultural Geographies* 13 (2006)를 공동 편집했으며, 여기에 매튜 갠디Matthew Gandy, 크리스 오터Chris Otter, 레이프 제람Leif Jerram 외 다른 이들의 글이 게재되었다. 인도 도시들의 근대성 관련 훌륭한 연구는 다음을 포함한다. Chopra, P. (2011), *A Joint Enterprise: Indian Elites and the Making of British Bombay* (Minneapolis: University of Minnesota Press); Chattopadhyay, S. (2005), *Representing Calcutta: Modernity, Nationalism and the Colonial Uncanny* (London: Routledge). Esherick, J. W. (ed.) (2000), *Remaking the Chinese City: Modernity and National Identity, 1900-1950* (Honolulu: University of Hawai'i Press)는 특히 마들렌 위에동Madeleine Yue Dong, 루스 로가스키Ruth Rogaski, 크리스틴 스테이플턴Kristin Stapleton이 저술한 중국 도시의 근대성에 관한 훌륭한 장들을 담고 있다. Hanes, J. E. (2002), *The City as Subject: Seki Hajime and the Reinvention of Modern Osaka* (Berkeley: University of California Press)는 도시 엘리트와 도시의 근대성의 관계를 검토한다. Jerram, L. (2011), *Streetlife: The Untold History of Europe's Twentieth Century* (Oxford: Oxford University Press)는 경제와 정치 격변의 세기 동안 유럽 도시 거주자들의 일상사를 검토한다. Gandy, M. (2014), *The Fabric of Space: Water, Modernity, and the Urban Imagination* (Cambridge, MA: MIT Press)는 글로벌 시각으로 자연, 근대성, 도시의 관계를 고찰한다.

6장 _ 초국가적 도시사

초국가적 역사에 관한 최고의 입문서는 Saunier, P.-Y. (2013), *Transnational History* (New York: Palgrave). 소니에Saunier는 아키라 이리에Akira Iriye와 함께 2009년에 출간된 *The Palgrave Dictionary of Transnational History* (New York: Palgrave)를 편집하며 도시사 주제들에 관한 많은 항목을 포함시켰다. Rodgers, D. T. (1996), *Atlantic Crossings: Social Politics in a Progressive Age* (New Haven: Harvard University Press)는 대서양 횡단 계획 교류에 대한 장기적인 통찰을 제공하는 다음의 책과 함께 읽어야 한다. Klemek, C. (2011), *The Transatlantic Collapse of Urban Renewal: Postwar Urbanism from New York to Berlin* (Chicago: University of Chicago Press). 최근에 발표된 흥미로운 논문들에는 '제2차 세계대전 이후 유럽에서 미국으로 계획 아이디어의 교류'에 관한 카롤라 하인Carola Hein이 편집한 *Planning Perspectives* 29 특별호, 그리고 알렉산더 폰 호프만Alexander von Hoffman이 기획한 *Journal of Urban History* 40 '도시재생' 특별 포럼에 실린 것들이 있다. Madgin, R. and Kenny, N. (eds) (2015), *Comparative and Transnational Approaches to Urban History: Cities beyond Borders* (Aldershot: Ashgate)는 지리적·시간적 범위가 더 넓은 초국가적 도시사의 다양한 측면을 다루는 최첨단 연구를 담고 있다. 또한, 많은 관련 장들과 훌륭한 서론이 실린 책으로 Saunier, P.-Y. and Ewen, S. (eds) (2008), *Another Global City: Historical Explorations into the Transnational Municipal Moment, 1850-2000* (New York: Palgrave). Kwak, N. H. (2008), "Research in Urban History: Recent Theses on International and Comparative Urban History", *Urban History* 35: 316-325는 해당 분야의 최근 박사학위 취득 논문들에 대한 훌륭한 개요를 제공하는데, 그중 일부는 이후 단행본으로 출판되었다.

찾아보기

ㄱ

가라드, 존Garrard, John 111
갠디, 매튜Gandy Matthew 60, 151, 246
거대도시 23, 37, 43, 73, 76, 78, 104, 111, 113
건, 사이먼Gunn, Simon 12, 68, 167, 244
《건축비평Architectural Review》 44
《건축세계Bauwelt》 44
게데스, 패트릭Geddes, Patrick 81
게이 클럽 179
고대도시 7
고속도로 43, 74, 170, 180, 184
고트망, 장Gottmann, Jean 42, 43
골동품 연구 34
골드버거, 폴Goldberger, Paul 174
공공서비스 98, 104, 106, 109~111, 121, 122, 207
공중보건 103, 109, 122, 126, 146, 147, 149, 153, 154, 211
공중화장실 63, 94~97, 177
과밀 36, 71, 86, 88~91, 93
곽, 낸시Kwak, Nancy 211
교외 4, 9, 42, 43, 47, 48, 68, 70~80, 82~84, 86, 87, 89, 91, 92, 99, 146, 157, 175, 243
교외 스프롤(무분별 팽창) 42
구급차 146
국민국가 25, 36, 199, 200, 202, 204, 205, 213, 214
국제계획사학회(IPHS) 201

국제노동기구 211
국제도시연합Union Internationale des Villes 210
국제사 204, 205
국제주택·계획연맹International Federation for Housing and Planning 210
굽투, 난디니Gooptu, Nandini 85, 95
그로피우스, 발터Gropius, Walter 180
그리니치빌리지(뉴욕) 83
그리피스, 존Griffiths, John 212
근대건축국제회의(CIAM) 209
글래스고 74, 215
글레이저, 에드워드Glaeser, Edward 155
금융가 48, 68
금주회 118
기계 연구회 118
기어린, 토머스Gieryn, Thomas 40
기어츠, 클리포드Geertz, Clifford 115
기후변화 135, 136, 139
길드 117, 119
길포일, 티머시Gilfoyle, Timothy 55, 56

ㄴ

나이로비 96
난징 61, 186
내슈빌 184
냉전 173, 174, 209
네브스키 프로스펙트(상트페테르부르크) Невский Проспект 171

네크로폴리스 43
네틀폴드Nettlefold, J. S. 109
노동(자)계급 36, 71, 74~77, 82, 85, 92, 93, 124, 157, 158, 176, 177, 182, 184, 208, 243
노리치(런던) 111, 112
노점상 85, 178
노팅엄 112
놀이터 105
뉴베리포트(매사추세츠) 45
뉴 브루탈리즘New Brutalist 182
뉴올리언스 147
뉴욕 23, 43, 56, 60, 67, 81, 83, 87, 104, 152, 153, 173, 174, 176, 178, 179, 184, 193, 202
뉴타운(에든버러) 74
뉴타운(몬트리올) 78
니드, 린다Nead, Lynda 176
니어노스(시카고) 78

ㄷ

다름 광장(알제) 170
다마스쿠스 170
다비도프, 레오노레Davidoff, Leonore 80
다운타운 42~44, 142, 175, 176, 181, 193
다윈, 찰스Darwin, Charles 38
다이오스Dyos, H. J. 4, 31, 32, 46~50, 53, 70, 71, 86, 87
다층 주차장 180
달링허스트(시드니) 83
《대서양 횡단: 혁신주의 시대의 사회 정치Atlantic Crossings: Social Politics in a Progressive Age》 213
대초원 도시 51
댄스홀 63, 194
더랜드마크(아부다비) 174

던스트롬, 스테판Thernstrom, Stephan 45
데니스, 리처드Dennis, Richard 77
데이비스, 마이크Davis, Mike 90
데이비슨, 그레임Davison, Graeme 76
델리 24, 97
도모쉬, 모나Domosh, Mona 56
도스토옙스키, 표도르Dostoevsky, Fyodor 189
도시 거버넌스 8, 9, 116, 119, 121, 122, 124, 128, 207, 244
《도시 거버넌스: 1750년 이후 영국과 그 너머Urban Gover-nance: Britain and Beyond since 1750》 119
도시 격차 22
도시계획 9, 35, 39, 42, 71, 168, 180, 181, 195, 201, 206, 207, 210
「도시관리법」(스코틀랜드) 107
도시미화운동 81
도시빈민 22, 84~91, 93, 94
《도시사》 46, 47, 50, 52, 57, 61, 64, 141
도시사그룹(UHG) 47, 57, 106
《도시사 뉴스레터Urban History Newsletter》 47
《도시사 비평Urban History Review》 52
《도시사 연감Urban History Yearbook》 47, 57
도시사 연구소(스웨덴) 39
《도시사의 추구The Pursuit of urban history》 50
《도시사 저널Journal of Urban History》 46, 52, 61, 141
《도시사Urban History》 52
도시 속 마을 90
도시의 물질성 124, 158
《도시의 성장, 1878~1898The Rise of the City, 1878-1898》 41
도시재생 174, 184, 211

도시재생 질서 42, 180, 184, 209, 215, 241
도시적 전환 4, 34, 58, 59, 60, 61
도시 전기 34, 50, 51, 129
도시 정부 5, 104~107, 112, 115, 116, 124, 127, 130, 131, 207
도시 행동주의 59
도시환경사 8, 9, 129, 136, 137, 144, 154, 155, 158, 245
도시 회랑 24
《도시Die Stadt》 38
도일, 배리Doyle, Barry 110, 111, 112
도쿄 23, 163
도하 170
동네 42, 75, 88, 96, 114, 182, 184
두바이 173
뒤셀도르프 39
디킨스, 찰스Dickens, Charles 189
디트로이트 78, 91

ㄹ

라고스 24
라바트(모로코) 185
라이트, 프랭크 로이드Wright, Frank Lloyd 180
라피, 노라Lafi, Nora 210
래퍼포트, 에리카Rappaport, Erika 176
램파드, 에릭Lampard, Eric 41
러시아 국립도서관 171
런던 23, 24, 60, 67, 70, 85, 111, 166, 176, 194
레빗타운(뉴욕) 81, 82
레스터 130
레스터대학교 47, 48
레스터대학교 도시사연구소 8, 11
로가스키, 루스Rogaski, Ruth 62, 246
로렌수마르케스(현 모잠비크 수도 마푸투) 92
로마 43, 211
로스, 랄프Roth, Ralf 116, 117
루이스, 로버트Lewis, Robert 77
로쉬, 다니엘Roche, Daniel 35
로스앤젤레스 78, 157, 180, 182, 202
로저, 리처드Rodger, Richard 11, 26, 27, 50, 57, 87, 112, 120
로저스, 대니얼Rodgers, Daniel 213
로저스, 에버렛Rogers, Everett 213, 214, 215, 219
로젠, 크리스틴 마이스너Rosen, Christine Meisner 141~144
로치데일(랭커셔) 111
로튼, 리처드Lawton, Richard 77
롭슨, 윌리엄Robson, William 44
루사카 85
루안다(앙골라) 88
루한차오盧漢超 88
르바세르, 에밀Levasseur, Émile 36, 37
르 봉 마르셰(파리) 169, 176
르코르뷔지에Le Corbusier 180, 182
리더, 데이비드Reeder, David 26, 46, 50, 87
리버풀 77
《리뷰에 대한 리뷰Review of Reviews》 215
리스, 앤드루Lees, Andrew 36
리옹 103, 208, 229
리우데자네이루 23, 24, 88, 95, 97, 135, 184
리즈 74, 75, 106, 107, 109, 118, 167, 174
리즈 시청 168
링슈트라세(빈) 167
링컨(영국) 72

ㅁ

마닐라 90, 156, 157
마르세유 208
마르크스, 카를Marx, Karl 166
마우흐, 크리스토프Mauch, Christof 155
마천루 56
마타레 4A(나이로비 판자촌) 96
마할레(동네) 119
매춘부 172, 178
맥켈비, 블레이크McKelvey, Blake 41
맥팔랜드, 호레이스McFarland, J. Horace 81
맨체스터 72, 147, 166~168, 182, 215, 216
머서티드빌(웨일스) 128
멈포드, 루이스Mumford, Lewis 42, 43, 44
《메갈로폴리스Megalopolis》 42
메소포타미아 148
메이, 앤드류May, Andrew 177
메인, 앨런Mayne, Alan 87, 97
멕시코시티 23, 24, 67, 89, 169, 180
멜러, 헬렌Meller, Helen 12, 207, 208
멜로시, 마틴Melosi, Martin 136, 137, 140
멜버른 76, 177
멤피스 184
모리스R. J. Morris 11, 116, 118~120, 244
모스크바 190
목욕장 217
몬테비데오 169
몬트리올 78
몽코넨, 에릭Monkkonen, Eric 45
뫼리오, 폴Meuriot, Paul 37
무르즈반, 칸 바하두르 문체르지 코와지 Murzban, Khan Bahadur Muncherji Cowasji 185, 186
무어, 제임스Moore, James 112
무역위원회 117

뭄바이/봄베이 23, 24, 59, 60, 85, 93, 185, 186
뭄바이 연구 그룹 59
《미국 대도시의 죽음과 삶The Death and Life of Great American Cities》 42
미국도시·지역계획사학회(SACRPH) 201
미국 사회과학연구회 45
《미국 역사학 비평American Historical Review》 204
미스켈, 루이스Miskell, Louise 111
미터, 라나Mitter, Rana 62, 240
밀라노 77, 180

ㅂ

바그다드 147, 148
바르셀로나 184
바이로흐, 폴Bairoch, Paul 26
바인트리트, 오트프리트Weintritt, Otfried 147
반코프, 그렉Bankoff, Greg 156
발리케시르(튀르키예) 119
방리유banlieues 77
방콕 180
배후지 51
백화점 168, 169, 171, 173, 175~178
버먼, 마셜Berman, Marshall 165
버밍엄 72, 75, 87, 106, 107, 109, 110, 112, 129, 167, 208, 215
버지스, 어니스트Burgess, Ernest 40, 74, 75
버지스 모델 75
버크, 피터Burke, Peter 73
베르토프, 지가Vertov, Dziga 190, 192
베를린 23, 39, 44, 77, 163, 166, 174, 190, 209
베버, 막스Weber, Max 37, 38, 39, 44, 118, 163
베이루트 170

베이징/베이핑 23, 90, 186
베이트먼, 존 프레데릭 라 트로브Bateman,
　John Frederick La Trobe 145, 146
베일리, 크리스토퍼Bayly, Christopher 204
베커트, 스벤Beckert, Sven 205
벡, 울리히Beck, Ulrich 199
벤야민, 발터Benjamin, Walter 37, 166, 188
벵갈루루 24
병원 103, 105, 117, 217
보들레르, 샤를Baudelaire, Charles 166, 188
보스턴 43, 56, 70, 71, 121, 122, 149
보야르, 에브루Boyer, Ebru 119
보일 하이츠(로스앤젤레스) 182
보자르Beaux-Arts 전통 169
보팔 97
보행자 164, 181, 189
볼턴 111
부다페스트 166, 173, 188, 208
부르고마스터(독일) 104
부에노스아이레스 23, 77, 169
분수대 119
뷰트 가문(카디프) 75
브라자빌(콩고) 88
브래드퍼드 180
브로델, 페르낭Braudel, Fernand 32, 221
브로드릭, 커스버트Brodrick, Cuthbert 168
브리스, 부디앙 드Vries, Boudien de 120
브리스톨 121, 122, 123
브릭스, 아사Briggs, Asa 53
블라이스우드(글래스고) 74
블래치포드, 로버트Blatchford, Robert 36
블루멘펠트, 한스Blumenfeld, Hans 180
블루민, 스튜어트Blumin, Stuart 56
블루밍데일스(뉴욕) 176
블루밍턴 53
블뤼흐트, 빌렘 드Vlugt, Wilem de 113, 131

비동빌bidonvilles 87
비바우트, 플로어Wibaut, Floor 113
《빅토리아 시대의 교외: 캠버웰의 성
　장 연구Victorian Suburb: A Study of the
　Growth of Camberwell》47
《빅토리아 시대의 눈: 1800~1910년 영국
　의 빛과 시각의 정치사The Victorian Eye:
　A Political History of Light and Vision in
　Britain, 1800-1910》127
《빅토리아 시대의 도시: 이미지와 현실The
　Victorian City: Images and Realities》53
빈 67, 89, 166, 167, 173, 176, 208
빌뢰르반(리옹 시영주택단지) 208

ㅅ

사위슬락, 캐런Sawislak, Karen 143
사이먼, 브라이언Simon, Bryant 179
사회개혁가 85, 214
사회자연socionatures 152
산불 144
산업도시 36, 44, 55, 111, 114, 126, 150,
　166, 168, 174
산호세 77
상수도 60, 95, 96, 146~150, 152, 217
상트페테르부르크 171, 189, 190
상파울루 23, 24, 88
상하이 23, 24, 61~63, 88, 114, 115, 185
샌프란시스코 83, 157
샤프, 에블린Sharp, Evelyn 106, 107, 109,
　112, 115, 229
서울-인천 90
서트클리프, 앤서니Sutcliff, Anthony 50
세계무역센터 174
《세기전환기의 서비스와 도시화: 혁신의
　확산Services and Urbanization at the Turn of

the Century: The Diffusion of Innovations》 213
세르토, 미셸 드Certeau, Michel de 164
세르트, 호세 루이스Sert, Jose Luis 209
세키 하지메關一 114
센트럴파크(뉴욕) 193
셀러스, 제프리Sellers, Jeffrey 200, 202
셰클랜드, 시드니Checkland, Sydney 50, 51
셰필드 147, 158, 182
소니에, 피에르이브Saunier, Pierre-Yves 12, 202, 203, 219, 247
소버그, 기드온Sjoberg, Gideon 44, 72, 73
소화전 129, 153
쇼, 앨버트 Shaw, Albert 214~216
쇼쉬그스, 엘렌Shoshkes, Ellen 101
슈타트 베를린Stadt Berlin호텔 174
슈테플(빈) 169, 176
슐레진저 주니어, 아서Schlesinger Jr., Arthur 41
스미스, 마이클 피터Smith, Michael Peter 199
스미스, 칼Smith, Carl 143, 149~151
스빙에다우, 에릭Swyngedouw, Erik 152
스완지 111
스웨덴 타운 연맹 39
스위트, 로즈마리Sweet, Rosemary 27, 111
스저춘施蟄存 62
스카이타워(두바이) 174
스쿨킬강 149
스키너, 윌리엄Skinner, William 61
스타인버그, 마크Steinberg, Mark 171, 172
스테드Stead, W. T. 189
스테이브, 브루스Stave, Bruce 31, 46
스톡홀름 77
스트롱보그, 베로니카Strong-Boag, Veronica 83
스틸, 베이드Still, Bayrd 41
슬럼 9, 47, 59, 60, 68, 71, 72, 84, 86~91, 95~97, 99, 121, 183, 185, 187
슬럼 관광 97
슬럼 철거 89
시계탑 168, 170
시드, 패트리샤Seed, Patricia 204
시드니 32, 50, 76, 83, 84, 87
시민/뷔르거 계층 117
시민사회 9, 114, 115, 116, 118, 120, 130, 245
시민적 자부심 153
시장 타운 61
시청 86, 127, 168, 172
시카고 23, 41, 55, 56, 78, 91, 141~145, 147, 149, 166, 202
시카고대학교 40, 45
시카고학파 40, 41, 163
심스, G. R. Sims, G. R. 189
싱가포르 211

ㅇ

아날학파 19, 32
아동 노동 85
아부다비 170, 173
아이젠버그, 앨리슨Isenberg, Alison 175, 176
아크라 24
아파두라이, 아르준Appadurai, Arjun 199
안룬드, 닐스Ahnlund, Nils 40
알렉산더 광장 174
알마르제 광장 170
알만도스, 아르투로Almandoz, Arturo 169, 211
알제 170, 186
암스테르담 113
앙리오, 크리스티앙Henriot, Christian 114, 115
애들레이드 76
애틀랜타 184

애틀랜틱시티 178, 179
야오슈이롱藥水弄(상하이 판자촌) 88, 185
양조장 154
언어적 전환 54, 124
언윈, 레이먼드Unwin, Raymond 81
에드워즈, 사무엘Edwards, Samuel 109
에든버러 11, 67, 74, 120, 121, 157
에든버러 걸인 억제 협회 120
에리오, 에두아르Herriot, Edouard 103, 104, 229
우루추르투, 에르네스토Uruchurtu, Ernesto P. 89
에이즈 위기 179
에지바스턴(버밍엄) 75
엑서터(영국) 72
역사사회학 19
《역사 속의 도시The City in History》 42
영국 왕립 건축가 협회 186
《영국의 자치체 정부Municipal Government in Great Britain》 215
《예술 작품으로서의 도시The City as a Work of Art》 167
오데사(우크라이나) 190, 191, 192
오사카 114
오스만제국 114, 169, 170, 210
오스만, 조르주외젠Haussmann, Georges-Eugène 91
오터, 크리스Otter, Chris 127, 246
오페라하우스 167, 169
《옥스퍼드 세계도시문명사》 17, 220, 243
올드햄 111
올슨, 도널드Olsen, Donald 167
와크프waqf 119
외국 자치체 기관 연구 위원회 217
용도지역 지정 44
울워스(백화점) 175

울프, 마이클Wolff, Michael 53
워너 주니어, 샘 배스Warner Jr., Sam Bass 41, 46, 70, 202
워드, 데이비드Ward, David 72, 73
워스, 루이스Wirth, Louis 37, 40, 163, 165
워스터, 도널드Worster, Donald 138, 139~141, 151
워싱턴DC 43, 211
워코위츠, 주디스Walkowitz, Judith 176, 191
워터에이드WaterAid 96
원예 클럽 118
웨버, 애드나 페린Weber, Adna Ferrin 38
웨이드, 리처드Wade, Richard 41
위에둥, 마들렌Yue Dong, Madeleine 186, 246
유럽도시사학회(EAUH) 57, 201, 206
유엔 인간정주 프로그램UN-Habitat 21
유엔 지구정상회의 135
유엔 해비타트 21, 22, 26, 43
이바단(나이지리아) 24
이스탄불 114, 169, 170, 210
이슬람 도시 118, 119, 210, 222
인구조사 23, 45, 58, 77, 108, 172
인구 증가 47, 72, 75, 138
인도양 쓰나미 146
인류세anthropocene 138, 233

ㅈ

자물쇠 장인 119
자발적 결사체 105, 163
자선활동 35
자연재해 155, 156
자오자방肇嘉浜(상하이 판자촌) 89
《자유의 지배: 자유주의와 근대 도시The Rule of Freedom: Liberalism and the Modern City》 126

《자치체 저널Municipal Journal》 212, 217
자치체 정부 11, 107, 113, 122, 187, 214, 215, 216, 217
잔사오화Shaohua Zhan 26
잭슨, 케네스Jackson, Kenneth 73, 75, 81
《적합하고 적절한 사람: 도시 정부의 이상과 현실Fit and Proper Persons: Ideal and Reality in Urban Government》 106
「전국주택법」(미국) 73
전근대 타운 그룹 57
전산업도시 72
정원도시 35, 77, 81, 212
정원도시운동 35
제임스, 헨리James, Henry 189
제이콥스, 제인Jacobs, Jane 42, 140, 181, 184
젠켄베르크, 크리스티안Senckenberg, Johann Christian 116, 117
젠트리피케이션 184
조이스, 패트릭Joyce, Patrick 126, 127, 232
주유소 74
주택·지방자치부(영국) 106
지도화 83, 164, 181, 194
지리학 7, 18, 69, 151, 195, 201
지멜, 게오르크Simmel, Georg 37, 166, 188
「지방개선법」(리즈) 109
「지방자치단체법」(영국) 107, 111, 122
지역사 34, 48, 139
지주 72
지진 156, 157
지질학 138, 139
집주인 68, 87, 219

ㅊ

채플타운(리즈) 75
챈들러, 테티우스Chandler, Tertius 23
처칠, 데이비드Churchill, David 193, 195
철도 72, 73, 126, 187
체리, 고든Cherry, Gordon 207
체스브로, S. 엘리스Chesbrough, S. Ellis 145, 146
체스트넛힐(필라델피아) 78
체임벌린, 조셉Chamberlain, Joseph 109, 131
초거대도시 20, 23, 24, 27, 43, 51, 59, 63
초거대 지역 20, 24, 43
초국가주의 5, 199, 202
초프라, 프리티Chopra, Preeti 185
촐리(영국) 72
《충격적인 도시: 맨체스터와 시카고의 환경 변화와 개혁Shock Cities: The Environmental Transformation and Reform of Manchester and Chicago》 145

ㅋ

카디프 75
카라카스 211, 212
〈카메라를 든 사나이〉(1929) 190
카스트로(샌프란시스코) 83
카이로 24, 169, 170, 178, 186
카이카, 마리아Kaika, Maria 151
카지노 179
칸푸르(인도) 94, 95
캐나딘, 데이비드Cannadine, David 72, 74, 75
콘젠, 캐슬린Conzen, Kathleen 45
캘도프 가문 75
캘커타 23, 93, 185
캠버웰(남런던) 47, 70, 71
커피숍 62
케이프타운 92, 93, 185
켈리, 바버라Kelly, Barbara 82
코번트리 77

코필드, 페넬로페 19, 111
코헨, 윌리엄Cohen, Wiliam 104
코흐, 에드Koch, Ed 104, 131
콘스탄티노플 23
《콘크리트와 점토: 뉴욕시의 자연 재구성하기Concrete and Clay: Reworking Nature in New York City》152
콜럼버스 기념 세계박람회 55
콜카타 185
쾰른 184
쿠알라룸푸르 180
크로논, 윌리엄Cronon, William 140, 141
크로식, 제프리Crossick, Geoffrey 110
크로턴 수로교 152, 153
크롤, 앤디Croll, Andy 128
클라크, 피터Clark, Peter 17, 24, 220
클레멕, 크리스토퍼Klemek, Christopher 42, 180, 241
키담비, 프라샨트Kidambi, Prashant 59
키베라(나이로비 판자촌) 96
킹스탠딩(버밍엄 시영주택단지) 208

E

타르, 조엘Tarr, Joel 136, 141~144, 148
탄지마트 개혁 169
탈산업화 26, 178
탈식민 도시 60
테러 174
테헤란 157, 169
톈진 61, 62
토론토 78, 193, 195
토목 엔지니어 협회 186
통치성 9, 105, 124~129
튀니스 114
트랜스로컬translocal 199

트레이너, 리처드Trainor, Richard 111
트리폴리 114
티그리스강 147
티르위트, 재클린Tyrwhitt, Jaqueline 181, 209
틸리, 찰스Tilly, Charles 19

ㅍ

파리 23, 37, 62, 77, 85, 89~91, 166, 167, 169, 170, 176, 188, 211
파벨라favelas 87, 88, 97, 98, 185
파워, 넬리Power, Nelly 192
파커, 조지Parker, George 214
파크, 로버트Park, Robert 40
파크힐(셰필드 시영주택단지) 182, 183
팔커스, 말콤Falkus, Malcolm 129
팔크, 재커리Falck, Zachary 151
광아롱蕃瓜弄(상하이 판자촌) 89
퍼거슨, 제임스Ferguson, James 85
퍼스(서호주) 76
페스(모로코) 186
페른제투름Fernsehturm(TV 송신탑) 174
폐쇄회로 텔레비전CCTV 129
포스트모던 54, 124, 127
포드, 제럴드Ford, Gerald 90
폭스, 제럴드Fox, Gerald 23
폴라드, 시드니Pollard, Sidney 32
푸르네, 얀 하인Furnée, Jan Hein 120
푸코, 미셸Foucault, Michel 9, 125~127
풀리, 콜린Pooley, Colin 77
프라카시, 기안Prakash, Gyan 58, 59
프라하 208
프랑크푸르트 116, 118
프레이저, 데릭Fraser, Derek 50
프로스트, 라이어넬Frost, Lionel 156
프리우, 스테판Frioux, Stéphane 154

프리타운 92
플라뇌르flâneur(산책자) 188~193, 195
플랫, 해롤드Platt, Harold 90, 145, 146, 147
피렌, 앙리Pirenne, Henri 35, 39
피셔, 브로드윈Fischer, Brodwyn 69, 97, 98
피터 홀Peter Hall 경 155, 206
필라델피아 43, 78, 149, 150, 184
필로, 크리스Philo, Chris 151

ㅎ

하미디예 광장 170
하우프트, 하인츠게르하르트Haupt, Heinz-Gerhard 110
하인, 카롤라Hein, Carola 51, 247
한센, 게오르크Hansen, Georg 36
할로우, 매튜Hollow, Matthew 183
함부르크 208
항구도시 51, 52, 208
핸들린, 오스카Handlin, Oscar 44
행상인 85
헤녹, E. P. Hennock, E. P. 106~113, 115, 118, 124, 130, 230
헤딩리(리즈) 75
헤를리츠, 닐스Herlitz, Nils 40

해리스, 리처드Harris, Richard 77
해리스, 조지 몬태규Harris, George Montagu 217
헤리엇, 조지Heriot, George 121, 131
헤이든, 돌로레스Hayden, Dolores 33
헤이즈, 닉Hayes, Nick 11, 112
헨트 39
헨트 박람회(1913) 39
호바트 76
호지, 스티븐Hodge, Stephen 84
홀, 캐서린Hall, Catherine 80
홀브룩, 매트Houlbrook, Matt 194
홈퍼스(웨스트요크셔주) 147, 158
홉스봄, 에릭Hobsbawm, Eric 32
화식연표 138
환경사 9, 10, 25, 64, 129, 136~141, 144, 148, 154, 155, 158, 159
후세인, 엘하즈Hüseyin, Elhaç 119
홍호평孔誥烽 26
휘틀리, 윌리엄Whiteley, William 176
흄크레센트(맨체스터 시영주택단지) 182
히라데 코지로平出鑼二郎 189
히에탈라, 마르자타Hietala, Marjatta 213, 214, 217~219
힐스테이션(프리타운) 92

도시사란 무엇인가?

2025년 7월 20일 초판 1쇄 발행

지은이 | 셰인 이웬
옮긴이 | 민유기
펴낸이 | 노경인 · 김주영

펴낸곳 | 도서출판 앨피   출판등록 | 2004년 11월 23일
주소 | (01545) 경기도 고양시 덕양구 향동로 218(향동동, 현대테라타워DMC) B동 942호
전화 | 02-710-5526   팩스 | 0505-115-0525   블로그 | blog.naver.com/lpbook12
전자우편 | lpbook12@naver.com

ISBN 979-11-92647-69-2